高中化学实验教学资源的开发研究

郁俊峰 著

中国出版集团

中译出版社

图书在版编目（CIP）数据

高中化学实验教学资源的开发研究 / 郁俊峰著. --
北京：中译出版社, 2024.5
ISBN 978-7-5001-7900-9

Ⅰ.①高… Ⅱ.①郁… Ⅲ.①中学化学课—教学研究
—高中 Ⅳ.①G633.82

中国国家版本馆CIP数据核字(2024)第101261号

高中化学实验教学资源的开发研究
GAOZHONG HUAXUE SHIYAN JIAOXUE ZIYUAN DE KAIFA YANJIU

出版发行 / 中译出版社
地　　址 / 北京市西城区新街口外大街28号普天德胜大厦主楼4层
电　　话 /（010）68359827, 68359303（发行部）；68357328（编辑部）
邮　　编 / 100044
传　　真 /（010）68357870
电子邮箱 / book@ctph.com.cn
网　　址 / http://www.ctph.com.cn

策划编辑 / 于建军
责任编辑 / 于建军
封面设计 / 蓝　博

排　　版 / 雅　琪
印　　刷 / 廊坊市文峰档案印务有限公司
经　　销 / 新华书店

规　　格 / 710毫米×1000毫米　　　1/16
印　　张 / 11.25
字　　数 / 200千字
版　　次 / 2025年5月第1版
印　　次 / 2025年5月第1次

ISBN　978-7-5001-7900-9　　　　　　　　　**定价：88.00元**

前言
Preface

高中化学实验教学是化学学科的重要组成部分，通过实验教学，学生不仅能够理解化学理论知识，还能够培养实验技能、观察力和创新思维。然而，传统的实验教学模式已经无法满足学生多样化的学习需求和教学的个性化要求。随着信息技术的发展和教育理念的更新，如何利用现代化技术手段开发更加符合时代需求和教学特点的高中化学实验教学资源成为当前教育改革的迫切需求。

本书以高中化学实验教学资源的开发研究为主题，围绕着实验教学资源的设计、开发、应用和管理等方面展开探讨。首先，通过对研究背景和动机的分析，明确了开展该研究的必要性和紧迫性。其次，确定了研究的目的和意义，旨在为高中化学实验教学资源的开发提供理论指导和实践参考，促进化学教学质量的提升。最后，阐述了研究的方法和范围，明确了研究的理论基础和实践依据。

在文献综述部分，对高中化学实验教学的现状与挑战进行了分析，深入探讨了国内外相关研究的进展和成果，为后续研究提供了理论支持和借鉴经验。在实验教学资源的理论基础部分，系统梳理了实验教学资源的概念、分类以及在高中化学教学中的作用和意义，为后续设计与开发提供了理论指导。随后，在设计原则和开发方法部分，结合高中学生的特点和实验教学的安全性考量，提出了相应的设计原则和开发方法，为实验教学资源的设计与开发奠定了基础。

接着，通过具体实例和案例分析，展示了高中化学实验教学资源的设计与开发过程，探讨了设计策略和评估反馈机制，为实践操作提供了参考和借鉴。在应用与评价以及优化与更新方面，强调了实验教学资源的应用方法和评价体系，提出了相应的优化策略和更新机制，以不断改进和提升实验教学效果。最后，探讨了实验教学资源的管理与分享，倡导建立起相应的管理机制和分享交流平台，促进实验教学资源的共享与传播。

本书旨在通过对高中化学实验教学资源的系统研究，为提升化学教学质量和教学效率提供理论支持和实践指导，为教育教学改革和创新贡献力量。希望本书能够成为广大教育工作者和研究者的参考之一，为我国高中化学教育事业的发展和进步贡献自己的一份力量。由于作者水平及时间有限，书中难免存在不当之处，敬请广大读者批评指正。

作者
2024 年 3 月

目 录
Contents

第一章　导论

第一节　研究背景和动机

一、研究背景

（一）高中化学实验教学的重要性

化学作为一门研究物质结构、性质以及变化规律的学科，在现代科学体系中占据着重要地位。在化学教学中，化学实验被视为开展科学研究的基本方法，其在提高教学质量、促进学生全面发展以及培养人才等方面具有不可替代的重要性。

马克思主义科学实践观深刻阐释了实践在认识过程中的地位与作用。实践被视为认识的来源、动力和目的，而化学实验作为一种重要的实践活动，不仅是化学理论知识的基础，也是检验知识真理性的标准之一。在化学的发展历程中，科学理论对实践活动的指导作用与实践对理论认识的推动作用相辅相成。化学实验的进行不仅有助于化学工作者认识和改变物质，也深刻影响着化学理论的演进与完善。

当前研究表明，化学实验教学是实现高中学生化学学科核心素养的重要途径之一。通过化学实验教学，学生不仅能够在实践中感知化学知识的真实性和实用性，还能够激发其学习兴趣，提高实验操作能力，并培养学生的主体意识和创新能力。这种实践性教学方式有助于学生形成正确的世界观、人生观和价值观，引导他们积极参与与化学相关的社会实践活动，提升其综合素质。学生必做实验作为化学学习中特有的一种重要实践活动，不仅能激发学生学习化学的兴趣，促进学生学习方式的转变，培养学生的实践能力与创新精神，更是全面发展学生化学学科核心素养的重要途径。郑长龙老师从"实践—认识—应用"的哲学认识高度，将化学实验重点发展的"科学探究与创新意识"核心素养作为化学科学实践活动的重要内容，进一步凸显了其在化学学科核心素养发展中发挥的关键作用，如图1-1所示。实践是检验真理的唯一标准，学生必做实验能帮助学生应用并检验所学化学知识，深化对理论知识的理解和认识，掌握基本实验技能。学生在动手做实验的过程中，观察能力、动手能力、分析推理、团队协作、交流表达等多方面的能力得到了培养，同时学生在综合运用所学知识与技能设计并实施实验的过程中，促进了化学学科核心素养的全面发展。

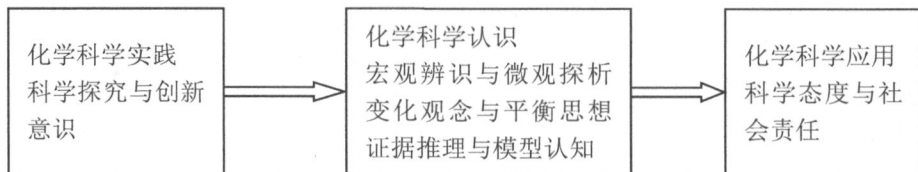

化学科学实践 科学探究与创新 意识	→	化学科学认识 宏观辨识与微观探析 变化观念与平衡思想 证据推理与模型认知	→	化学科学应用 科学态度与社 会责任

图 1-1 化学学科核心素养结构

此外，化学实验教学对于培养有能力、有品格、有担当的社会型人才也具有不可替代的作用。通过实践活动，学生可以更好地理解和应用化学知识，为创造更多的物质财富和精神财富奠定基础。教师在化学实验教学中扮演着重要角色，应坚持实践创造理论、理论指导实践的观点，积极投身于化学实验教学活动，引领学生走向科学与技术的前沿。

（二）课程标准更加注重化学实验教学

我国的课程标准在不断更新迭代的过程中，对化学实验教学的重视程度逐步提升。特别是在普通高中化学课程标准的 2020 年修订版中，将"化学科学与实验探究"作为必修课程的首要主题，这无疑彰显了对化学实验的重视和重要性。这一举措不仅体现了对学生全面发展的关注，更是对化学实验教学在学科学习中的重要地位的确认。

2020 年修订版课程标准明确提出了化学学科核心素养的概念，并对课程性质进行了重要调整。从原先强调掌握基础知识与基本技能，转变为促进学生培养和发展化学学科核心素养，这体现了课程标准在教学目标上的变革与提升。同时，在教学建议方面也有所调整，强调教师要充分认识化学实验的独特价值，并精心设计实验探究活动。这种调整不仅凸显了化学实验教学的特殊地位，更是对教师角色与实验设计的要求作出的重要调整。

在化学实验教学过程中，学生不仅能够了解实验探究的一般过程，掌握基本的化学实验方法与技能，更重要的是，能够进一步发展解决综合实验问题的能力。通过实验探究活动，学生将化学理论知识与实际操作相结合，培养了他们的观察能力、实验技能以及创新思维，从而促进了他们的全面发展与成长。

因此，可以说，化学实验教学在普通高中化学课程中具有独特的价值。它不仅是学科学习的重要组成部分，更是培养学生化学学科核心素养的重要途径之一。课程标准对化学实验教学的重视和强调，将进一步推动化学实验教学的创新与发展，促进学生在化学领域的全面发展与提高。

（三）新高考对化学实验教学提出新的要求

2014年，国务院发布了《关于深化考试招生制度改革的实施意见》，提出了改革考试形式和内容的措施，其中包括采用了"3+1+2"的新高考模式。这一模式着重考查学生的独立思考能力和运用所学知识分析、解决问题的能力。随着高考综合改革的深入推进，分数不再被视为评价当代中学生能力和素质的唯一标准，国家对学生素养水平的发展越来越重视。在这样的背景下，教师在必修课程的教学过程中，面临着新的挑战和要求。

教师需要尽可能地培养学生对化学学习的兴趣和学习能力。为了达到这个目标，他们需要开展丰富多彩的实验教学活动，以实际操作为基础，激发学生对化学科学的好奇心和热情。通过实验教学，学生不仅能够深入理解化学理论知识，还能够培养实验设计和数据分析的能力，从而提升其独立思考和问题解决能力。

此外，教师还需要灵活运用多种教学策略，如探究式学习、案例教学等，以满足不同学生的学习需求和学习风格。通过多样化的教学方法，教师可以更好地激发学生的学习兴趣，提高他们的学习效果。

在实验教学过程中，教师需要统筹协调实验资源，确保实验设备和材料的充足性和安全性。同时，他们还应该充分利用化学实验的教学功能，不仅传授知识，还要注重技能的锻炼和素养的培养。通过实验教学，学生不仅可以掌握化学实验技能，还能够培养科学精神、合作意识和创新能力，从而提升其综合能力和竞争力。

（四）国家和社会更加注重对人才创新能力的培养

在十四五规划中，我国强调了创新在国家现代化建设中的核心地位，并提出了实施科教兴国和人才强国战略的重要性，旨在加快国家科技强国建设的步伐。当前我国教育改革正处于关键时期，基础教育的转型必须由传统的"应试教育"向全面素质教育的转变。而在这一背景下，创新教育成为影响国家民生和未来发展的核心问题，对于培养学生综合素质具有至关重要的意义，也是当今教育界共同研究的重要课题。

高中化学实验教学作为教育中的重要组成部分，对于培养学生的创新意识和创新能力具有重要作用。化学实验教学不仅涉及化学实验器材的组装与应用，还包括对化学实验现象的探析与理解，以及对化学实验进行改进的过程。在每一次实验中，学生都能够通过实践锻炼实验操作能力、探究创新能力、合作交流能力以及逻辑思维能力。这些都是化学实验教学所具有的重要价值，也是对学生全面发展的重要促进。

化学实验教学不仅仅是为了传授化学知识，更重要的是培养学生的创新能力和综合素质。通过实验，学生能够深入理解化学知识，培养解决问题的能力，同时也能够激发他们的创造力和创新意识。化学实验教学强调的不仅是结果的获取，更注重的是学生对实验过程的思考和探索，以及对实验结果的分析和总结。这种探究性的学习模式能够激发学生的学习兴趣，培养他们的自主学习能力，从而促进他们的全面发展。

因此，可以说高中化学实验教学对于培养学生的创新能力和综合素质具有不可替代的作用。通过实践探究，学生能够不断提升自己的科学素养，为未来的创新和发展打下坚实的基础。同时，化学实验教学也体现了我国教育体系对于人才培养的重视，将为国家建设科技强国提供有力的人才支持。

二、研究动机

本研究的动机在于深入研究高中化学实验教学资源的开发问题，旨在结合学科教学理论和实践经验，提出相应的设计原则和开发方法，从而为改进高中化学实验教学提供理论支持和实践指导。在当前教育环境下，高中化学实验教学资源的开发具有重要意义。首先，通过对实验教学资源的设计与开发，可以丰富化学教学内容，使其更加生动、具体和实践性，从而提高教学质量，促进学生对化学知识的理解和掌握。其次，通过设计和开发创新的实验教学资源，有助于激发学生的学习兴趣和创新潜能，培养他们的实践能力、创造力和解决问题的能力，从而更好地适应未来社会的发展需求。最后，研究高中化学实验教学资源的管理与分享，可以促进资源共享与交流，提升教育资源的利用效率，推动教育信息化建设，实现教育资源的可持续发展。综上所述，本研究旨在探索高中化学实验教学资源的开发、管理和分享，以期为高中化学实验教学的改革与创新提供有益的理论和实践支持，为提升教育质量和推动教育现代化进程做出积极贡献。

第二节　研究目的和意义

一、研究目的

本研究的目的在于探索高中化学实验教学资源的设计原则，以构建符合学科特点和学生需求的实验教学体系，进而提高实验教学的有效性和实用性。第一，我们旨在通过深入研究学科特点和学生学习需求，明确高中化学实验教学的核心目标和要求，从而制定相应的设计原则。这些设计原则将注重实验内容的科学性、教学方法的多样性、实验设备的合理性以及实验安全的保障，以确保实验教学活动能够有效地促进学生的学习和发展。

第二，本研究旨在创新实验教学资源的开发方法，通过借助现代教育技术手段，设计出多样化、个性化的实验教学内容，以激发学生的学习兴趣和创造力。我们将探索利用虚拟实验、模拟实验、实验视频等现代技术手段，为学生提供更加生动、直观的实验体验，从而增强他们对化学实验的参与度和理解能力。同时，我们也将关注实验内容的实用性和现实性，确保实验教学资源的开发与学科教学的紧密结合，使之能够更好地满足学生的学习需求和未来发展的要求。

第三，本研究旨在构建高效的实验教学资源管理与分享机制，建立开放、共享的教育资源平台，以促进教育资源的共享和优化利用。我们将研究实验教学资源的分类、存储、更新和分享机制，建立起一个便于教师和学生获取和利用实验教学资源的平台，从而提高教育资源的利用效率和教学质量。通过这些措施，我们期望能够构建一个高效、便捷、开放的实验教学资源管理与分享体系，为高中化学实验教学的改革与创新提供有力的支持和保障。

二、研究意义

高中化学实验教学的意义非凡，它不仅是培养学生化学学科核心素养的关键途径，也是深化理论学习的重要手段。在化学教学中，实验应当扮演着学生获得化学知识的重要角色，然而在当前的高中化学教学中，实验却往往被简单视为验证理论知识的手段。要改变这一现状，需要教师们根据课程标准的相关要求，设计符合学生认知水平的实验探究活动，并鼓励学生积极参与其中。然而，随着"双减政策"的提出和课时的减少，教师们面临着越来越重的教学任务，实验教学的开展也面临着越来越大的挑战。大部分教师认为开展个别实验无法提高学生的整体水平，而开设系统的实验课程又需要消耗大量的课时和资源，同时还面临着实验可能带来的安全风险。因此，在有限的时间内开展有深度、有广度的化学实验教学显得尤为重要。

化学实验教学不仅可以帮助学生深化理论知识，还能够培养他们的综合能力。通过观察实验现象、整合实验信息，学生可以达到深化理论知识、培养综合能力的目标。教师们可以通过制定有深度的实验目标、设置有挑战的实验内容、构建知识体系等手段，让学生在实验教学过程中转换学习方式，形成高阶思维。

通过亲身实验，学生不仅可以体会科学家发现知识、探究知识的过程，还能够真正做到深化理论学习，培养自己的思维能力、分析能力以及创新能力。

尽管 2020 年修订版课程标准加强了对化学实验教学的重视程度，但目前仍有许多问题存在于基层的教育教学过程中。因此，本书以内蒙古东部地区部分高中为对象进行调研，系统地了解化学实验教学的相关情况，根据调查结果提出针对性的实验教学策略。旨在使化学实验成为真正有效发掘和培养学生创新意识和综合能力的教学方式，有效提高化学实验教学的质量，同时为课程改革提供基层的参考数据。这样的研究将有助于为实验教学的改革与创新提供理论指导和实践支持，从而推动高中化学教学的进一步发展和提升。

第三节　研究方法和范围

一、研究方法

（一）文献综述

本研究将通过文献综述的方式，系统梳理高中化学实验教学资源的相关理论、政策和实践经验。首先，将回顾已有文献中关于化学实验教学资源设计原则、开发方法、应用与评价等方面的研究成果，以全面了解当前研究领域的现状和发展趋势。其次，将深入分析国内外相关政策、文件和教育标准对化学实验教学的要求和指导，为后续研究提供政策依据。

（二）实证研究方法

本研究将采用实证研究方法，包括问卷调查和实地观察，收集高中化学实验教学资源开发与应用的实际数据。通过设计和分发针对教师和学生的调查问卷，了解他们对化学实验教学资源的需求、认知和评价。同时，进行实地观察，深入了解实验教学过程中的具体情况、存在的问题及其原因。这些实证研究方法将为本研究提供客观、可靠的数据支持，有助于全面了解实验教学资源的实际情况和现状。

（三）案例分析

本研究还将采用案例分析的方法，选取一定数量的高中化学实验教学案例进行深入分析。通过对这些案例的详细调查和分析，探讨不同类型实验教学资源的设计、开发和应用情况，总结成功经验和存在的问题。案例分析将有助于从实践中汲取经验教训，为改进和优化化学实验教学资源提供借鉴和启示。

二、研究范围

本书共分为以下几个部分（架构图如图 1-2）。

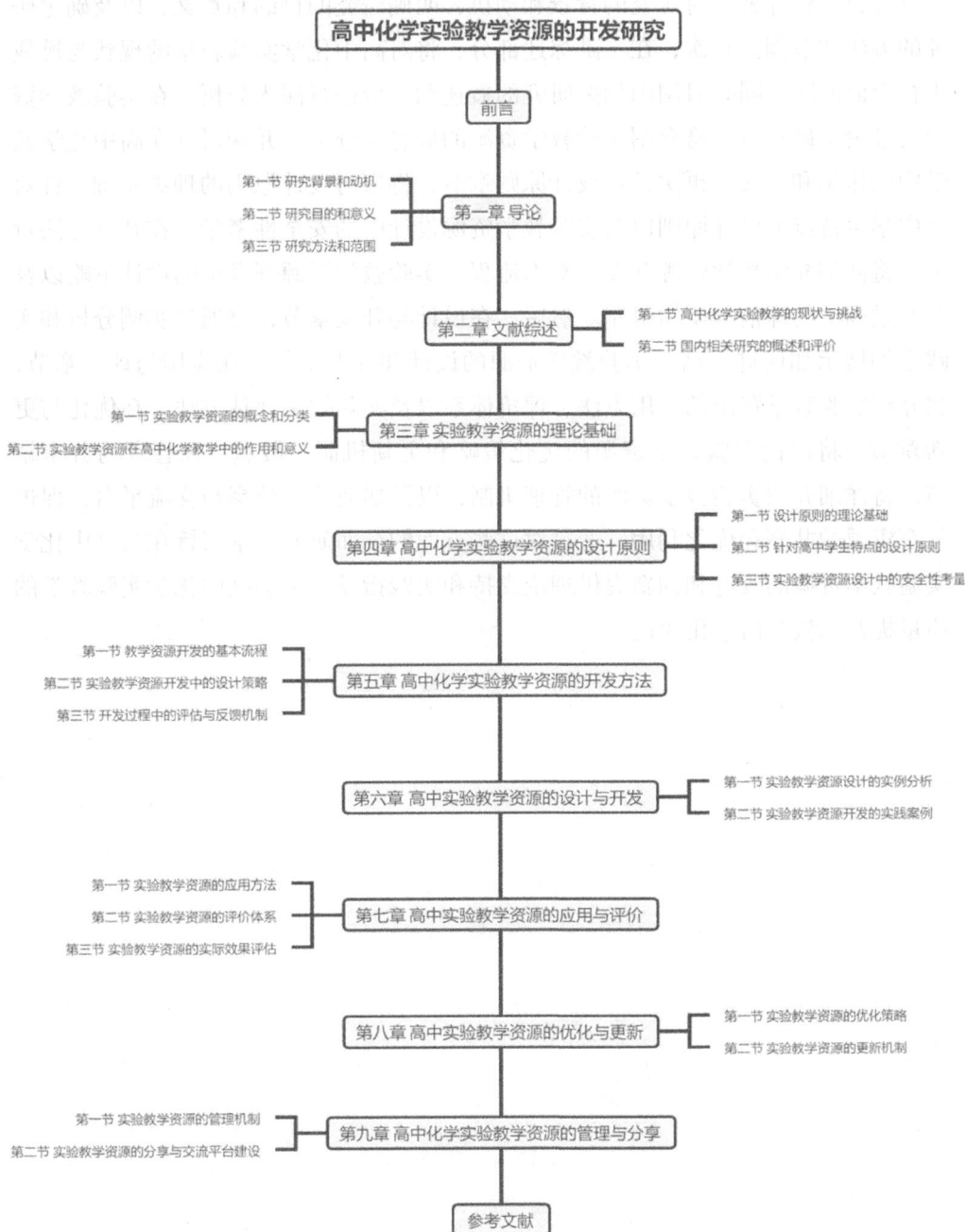

高中化学实验教学资源的开发研究

前言

第一章 导论
- 第一节 研究背景和动机
- 第二节 研究目的和意义
- 第三节 研究方法和范围

第二章 文献综述
- 第一节 高中化学实验教学的现状与挑战
- 第二节 国内相关研究的概述和评价

第三章 实验教学资源的理论基础
- 第一节 实验教学资源的概念和分类
- 第二节 实验教学资源在高中化学教学中的作用和意义

第四章 高中化学实验教学资源的设计原则
- 第一节 设计原则的理论基础
- 第二节 针对高中学生特点的设计原则
- 第三节 实验教学资源设计中的安全性考量

第五章 高中化学实验教学资源的开发方法
- 第一节 教学资源开发的基本流程
- 第二节 实验教学资源开发中的设计策略
- 第三节 开发过程中的评估与反馈机制

第六章 高中实验教学资源的设计与开发
- 第一节 实验教学资源设计的实例分析
- 第二节 实验教学资源开发的实践案例

第七章 高中实验教学资源的应用与评价
- 第一节 实验教学资源的应用方法
- 第二节 实验教学资源的评价体系
- 第三节 实验教学资源的实际效果评估

第八章 高中实验教学资源的优化与更新
- 第一节 实验教学资源的优化策略
- 第二节 实验教学资源的更新机制

第九章 高中化学实验教学资源的管理与分享
- 第一节 实验教学资源的管理机制
- 第二节 实验教学资源的分享与交流平台建设

参考文献

图 1-2　本书组织架构图

　　本书的研究范围涵盖了高中化学实验教学资源的各个方面，旨在全面探讨和深入研究如何有效地设计、开发、应用、评价、优化和管理这些资源。首先，在导论部分，将详细探讨研究的背景和动机，明确研究的目的和意义，以及确定研究的方法和范围。其次，在文献综述部分，将对高中化学实验教学的现状与挑战进行全面回顾，同时对国内相关研究的概述和评价进行深入分析。在实验教学资源的理论基础章节，将介绍实验教学资源的概念和分类，并探讨其在高中化学教学中的作用和意义。再次，在设计原则章节，将探讨设计原则的理论基础、针对高中学生特点的设计原则以及实验教学资源设计中的安全性考量。在开发方法章节，将详细介绍教学资源开发的基本流程、实验教学资源开发中的设计策略以及开发过程中的评估与反馈机制。然后，在设计与开发章节，将通过实例分析和实践案例展示如何进行高中实验教学资源的设计和开发工作。在应用与评价章节，将介绍实验教学资源的应用方法、评价体系以及实际效果评估方法。在优化与更新章节，将讨论实验教学资源的优化策略和更新机制。最后，在管理与分享章节，将详细介绍实验教学资源的管理机制，以及如何建立分享与交流平台，促进教育资源的共享和优化利用。通过对这些方面的全面研究，本书旨在为高中化学实验教学资源的改进和创新提供理论支持和实践指导，推动高中化学实验教学的质量提升和教育信息化建设。

第二章 文献综述

第一节 高中化学实验教学的现状与挑战

一、高中化学实验教学的理论框架

在高中化学教育中，实验教学扮演着重要的角色，为学生提供了理论知识的实践验证和科学探究的机会。本章将从高中化学实验、高中化学实验教学和化学学科核心素养三个方面展开论述，构建高中化学实验教学的理论框架（见图2-1）。

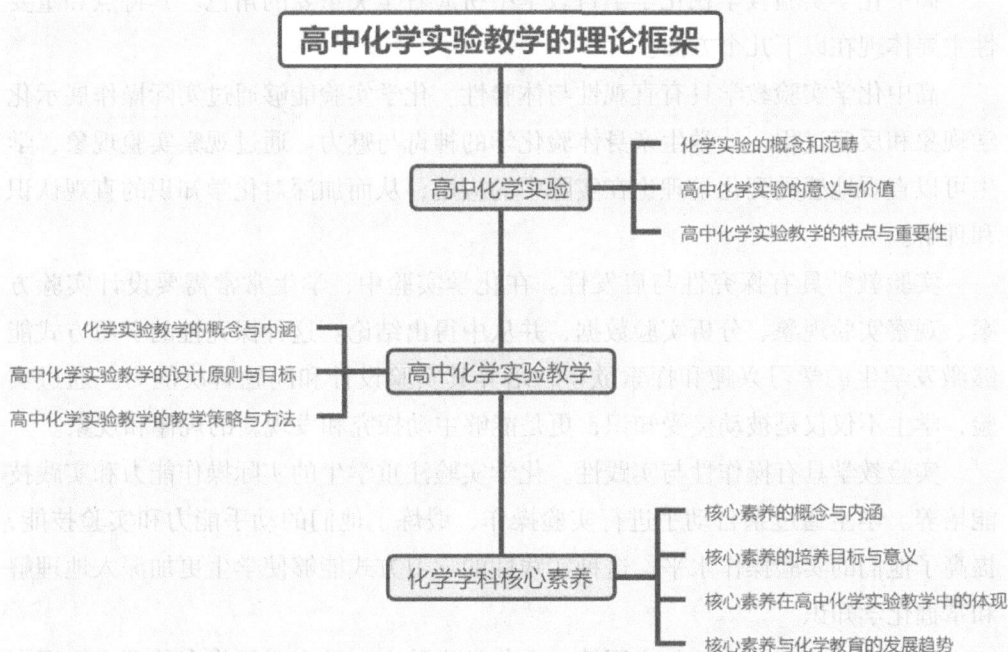

图 2-1 高中化学实验教学的理论框架图

（一）高中化学实验

化学实验是通过人为活动改变物质的结构和性质，达到实验目的的实践活动。它包括了验证性实验、探究性实验和综合性实验等不同类型，为学生提供了直观的物质变化过程，加深了他们对化学理论的理解。

1. 化学实验的概念和范畴

化学实验作为一种实践活动，通过人为操作改变物质的结构和性质，从而达到预定的实验目的。它涵盖了多种类型，包括但不限于验证性实验、探究性实验和综合性实验。验证性实验主要用于验证化学理论，探究性实验旨在培养学生的实验设计和探究精神，综合性实验则是对多种理论知识的综合应用。

2. 高中化学实验的意义与价值

高中化学实验不仅仅是理论学习的补充与延伸，更是培养学生科学精神、实验技能和创新意识的有效手段。通过实验，学生能够深入感受化学的神奇魅力，培养观察、思考、推理和解决问题的能力。此外，实验还能够加深学生对化学理论的理解，促进知识的内化和应用。

3. 高中化学实验教学的特点与重要性

高中化学实验教学在化学学科教学中扮演着至关重要的角色。其特点和重要性主要体现在以下几个方面。

高中化学实验教学具有直观性与体验性。化学实验能够通过实际操作展示化学现象和反应过程，让学生亲身体验化学的神奇与魅力。通过观察实验现象，学生可以直观地感受到化学理论在实际中的应用，从而加深对化学知识的直观认识和理解。

实验教学具有探究性与启发性。在化学实验中，学生常常需要设计实验方案、观察实验现象、分析实验数据，并从中得出结论。这种探究性的学习方式能够激发学生的学习兴趣和探索欲望，培养其实验设计和问题解决能力。通过实验，学生不仅仅是被动接受知识，更是能够主动探究和发现新的规律和现象。

实验教学具有操作性与实践性。化学实验注重学生的实际操作能力和实践技能培养。学生通过亲自动手进行实验操作，锻炼了他们的动手能力和实验技能，提高了他们的实验操作水平。这种实践性的学习方式能够使学生更加深入地理解和掌握化学知识。

实验教学具有综合性与应用性。在化学实验中，学生需要将多种理论知识有机结合，进行实际操作和数据处理。这种综合性的学习方式有助于学生将理论知识应用到解决实际问题中，培养了他们的综合分析和判断能力。通过实验，学生不仅了解了化学理论的基本原理，还能够将这些知识应用到实际生活和工作中，具有更强的应用能力和实践能力。

（二）高中化学实验教学

高中化学实验教学是化学学科教学的重要组成部分，旨在通过实践活动深化理论学习、培养学生核心素养，并达成教育目标。本节将从化学实验教学的概念与内涵、设计原则与目标，以及教学策略与方法三个方面展开讨论。

1. 化学实验教学的概念与内涵

化学实验教学是为深化理论学习、培养学生核心素养、达成教育目标而开设的实践教学活动。它不仅仅是简单的实验操作，更应该注重学生实验过程中的思考、探究和发现，从而加深对化学知识的理解与运用。通过实验教学，学生不仅能够掌握实验操作技能，还能培养科学精神、创新能力和问题解决能力。

2. 高中化学实验教学的设计原则与目标

高中化学实验教学的设计应当符合教学大纲和课程标准的要求，强调学生的主体地位和实践能力培养。其目标是通过实验教学，促进学生的知识水平提升、思维方式转变和创新能力培养，使其具备应对未来挑战的能力。

设计原则包括以下几点。

符合教学大纲与课程标准：实验内容应符合教学大纲和课程标准的要求，有利于学生全面掌握化学知识。

突出学生主体地位：注重学生的实践参与，鼓励学生主动探索、实践和发现，培养其自主学习和解决问题的能力。

注重实践能力培养：实验设计应重视培养学生的实验操作技能、观察与分析能力以及实验结果的处理能力。

3. 高中化学实验教学的教学策略与方法

在实验教学过程中，教师应该根据学生的实际情况和教学目标，选择合适的教学策略和方法。

教学策略与方法包括以下几点。

探究式教学法：通过提出问题、设计实验方案、实施实验、分析实验结果等步骤，引导学生主动探究，培养其问题解决能力和探究精神。

项目化学习法：设计具体的项目任务，让学生通过合作学习的方式完成实验任务，培养学生的团队合作和实践能力。

示范引导法：教师通过示范操作、实验演示等方式，引导学生正确操作实验，提高学生的实验操作技能。

（三）化学学科核心素养

1. 核心素养的概念与内涵

化学学科核心素养是指学生在化学学科学习过程中所应具备的基本能力和素质。它涵盖了多个方面。

（1）宏观辨识与微观探析

学生应能够从宏观的观察中识别出物质的性质和变化，同时理解其微观结构和机理。

（2）变化观念与平衡思想

学生应具备正确的变化观念，理解化学反应过程中的物质变化和能量转化，并能运用平衡思想分析化学反应的动态过程。

（3）证据推理与模型认知

学生应能够通过实验数据和观察结果进行推理和分析，建立和运用化学模型解释现象和问题。

（4）实验探究与创新意识

学生应具备实验设计和实验操作的能力，能够进行探究性实验并提出创新性的问题和想法。

（5）科学态度与社会责任

学生应树立正确的科学态度，包括批判性思维、开放性思维和合作精神，同时具备对社会和环境的责任感和关注度。

2. 核心素养的培养目标与意义

培养化学学科核心素养旨在为学生全面发展的科学素养和综合能力打下坚实基础。这种素养培养不仅仅关乎学生在化学学科领域内的深度学习和专业素养的提升，更涉及学生在综合能力和素质方面的全面提升，具有重要的教育意义和深远的影响。

第一，培养核心素养有助于学生在化学学科领域内的深度学习和专业素养的提升。通过学习化学核心素养所包含的各个方面，如宏观辨识与微观探析、变化观念与平衡思想、证据推理与模型认知等，学生能够更全面地理解化学的基本概念和原理，提升对化学学科的理解和掌握水平。这有助于学生在学科学习中形成更加完整和系统的知识体系，增强对化学学科的兴趣和自信心，为深入学习和研究化学奠定坚实基础。

第二，培养核心素养有助于促进学生的创新能力、实践能力和解决问题的能力的培养。化学学科核心素养的培养强调了实验探究与创新意识的重要性，通过开展探究性实验和提出创新性问题，学生能够培养自主思考和问题解决能力，锻炼创新意识和创新能力。同时，核心素养的培养还注重了证据推理与模型认知的能力培养，学生能够通过分析实验数据和观察结果，建立和应用化学模型解释现象和问题，提升证据推理和模型认知能力。这种能力的培养不仅有助于学生在学术研究和创新方面取得突破，更有助于他们在日常生活和工作中解决实际问题和应对挑战。

第三，培养核心素养还能够提升学生的综合素质，使其在未来的学习和工作中具备更强的竞争力和适应能力。随着社会的不断发展和变化，人才需求也日益多样化和复杂化，除了专业知识和技能外，更需要具备综合素质和综合能力的人才。通过培养化学学科核心素养，学生不仅能够提升专业素养，还能够培养批判性思维、创新精神、团队合作和沟通能力等综合素质，为他们未来的发展和成长打下坚实基础。

3. 核心素养在高中化学实验教学中的体现

在高中化学实验教学中，核心素养的培养应贯穿整个教学过程，通过一系列有针对性的教学设计和活动来促进学生的全面发展。首先，通过设计具有探究性和创新性的实验，学生可以在实践中提升问题解决能力和创新能力。在实验设计上，教师可以引导学生提出感兴趣的问题，并鼓励他们运用所学知识和技能设计实验方案，探索问题的答案。在实验过程中，学生需要进行实验操作、数据记录、结果分析等一系列活动，从而培养他们的实验探究能力和解决问题的能力。例如，通过设计酸碱中和实验，学生不仅能够探究中和反应的原理和规律，还可以自主设计实验方案，调配适当的试剂浓度和体积，从而探索影响中和反应速率的因素，培养创新思维和实践能力。

其次，通过鼓励学生合作、讨论和分享实验结果，可以培养学生的科学态度和社会责任感。在实验教学中，教师可以组织学生分组合作进行实验，促进学生之间的互动和合作。在实验结果分析和讨论阶段，教师可以引导学生展开思维碰撞，分享实验心得和经验，共同探讨实验结果的意义和影响。通过合作与讨论，学生不仅能够加深对实验原理和知识的理解，还能够培养团队合作精神和沟通能力。同时，通过强调实验安全意识和实验结果的准确记录，有助于培养学生的科学态度和社会责任感。在实验教学中，教师需要重视实验安全教育，教导学生正确使用实验仪器和化学试剂，注意安全操作规程，保障实验过程的安全。同时，学生需要准确记录实验数据和结果，遵守实验室规章制度，提高实验数据的可靠性和准确性。通过实验安全意识和结果记录的培养，可以增强学生的科学态度和社会责任感，促进他们全面发展和成长。

4.核心素养与化学教育的发展趋势

随着社会的不断发展和教育改革的深化，核心素养的培养已经成为化学教育的重要目标和发展趋势。在传统的化学教育中，注重学生对知识的掌握和应用，而在当今社会，学生需要具备更多的综合能力和素质。核心素养的概念和内涵，为化学教育提供了新的视角和理念，不仅强调了学科知识的学习，更注重了学生的思维方式、行为规范和社会责任感。

将核心素养融入化学教育的方方面面，可以更好地引导学生的学习方向。化学教育不再仅仅关注学生的知识掌握程度，更加关注学生的学科思维和方法论。通过培养学生的宏观辨识与微观探析、变化观念与平衡思想、证据推理与模型认知等多方面核心素养，可以引导学生正确理解和运用化学知识，提升其学科素养和综合能力。

将核心素养融入化学教育还可以提升教育教学的质量和效果。传统的教学模式往往以教师为中心，注重知识的灌输和传授，而核心素养强调了学生的主体地位和实践能力培养。通过采用问题导向的探究式教学、项目化学习等多种教学模式，可以激发学生的学习兴趣和主动性，提高教学效果和学习质量。

此外，核心素养的培养也是化学教育与时俱进、与社会需求相结合的重要举措。当今社会，人才需求越来越多地强调综合能力和素质培养，而非单一的学科知识掌握。通过培养学生的实验探究与创新意识、科学态度与社会责任等核心素养，可以更好地满足社会对人才的需求，为学生的未来发展和社会责任做好充分准备。

二、高中化学实验教学的现状

（一）教学资源不足

1.设备和实验室条件不足

（1）设备陈旧、简陋

许多学校的化学实验室设备年代久远，技术水平低下，无法满足现代化的实验需求。缺乏先进的实验设备和仪器导致实验操作的不便和效率低下。

（2）缺乏安全保障措施

一些学校的实验室缺乏必要的安全设施和安全培训，存在安全隐患。学生在进行化学实验时面临着安全风险，影响了实验教学的正常开展和学生的安全意识培养。

2. 实验教材和资料匮乏

（1）缺乏优质实验教材

部分学校缺乏更新、丰富的实验教材，教师在设计实验教学方案时面临困难。传统的教材内容陈旧，无法满足学生的学习需求和教学的创新要求。

（2）资料资源不足

学校和教师缺乏实验案例和相关资料的获取渠道，难以为实验教学提供多样化和丰富化的支持。缺乏实验示范视频、实验数据分析案例等资料，限制了实验教学的多样性和学生的实践能力培养。

3. 师资力量不足

（1）数量不足

一些地区存在化学教师数量不足的问题，导致实验教学资源无法得到充分利用。一位化学教师可能需要负责多个班级或多个年级的实验教学工作，影响了教学质量和学生的学习效果。

（2）教学水平参差不齐

部分地区的化学教师水平参差不齐，存在一定比例的教师缺乏实验教学经验和专业知识。这会影响实验教学的质量和效果，限制了学生在实验中的学习体验和能力提升。

（二）教学模式单一

1. 实验教学内容单一

（1）过度依赖验证性实验

许多学校的实验教学内容过于偏重于传统的验证性实验，如物质的性质验证等，而缺乏探究性和综合性实验。这种单一性质的实验内容无法激发学生的好奇心和探究欲望，导致学生对化学实验的兴趣不高，难以培养其实验设计和问题解决能力。

（2）缺乏创新性实验设计

部分学校的实验设计缺乏创新性和挑战性，往往只是简单地重复已有的实验步骤，缺乏新颖性和创意。这种实验教学内容的单一性限制了学生的思维发展和创新能力的培养，无法达到实验教学的应有效果。

2. 教学方法较为传统

（1）传统讲授式教学主导

传统的讲授式教学仍然占据主导地位，而实验教学往往被边缘化或仅仅作为辅助手段。缺乏交互式、探究式的教学方法，教师主导学生被动地接受知识，学生缺乏实践操作和思维的机会，无法激发其学习兴趣和主动性，限制了实验教学的效果。

（2）缺乏多元化教学策略

在实验教学过程中，缺乏多元化的教学策略，如案例教学、问题解决式教学等。这种单一的教学方法无法满足不同学生的学习需求和兴趣，限制了实验教学的灵活性和个性化。

3. 评价方式单一

（1）依赖考试和成绩评价

实验教学的评价主要依靠考试和成绩，缺乏对实验技能、思维能力和创新能力的全面评价。这种单一的评价方式容易忽视学生在实验教学中的实际表现和能力发展，无法全面反映学生的学习成果和实际能力水平。

（2）缺乏实践性评价

缺乏实践性的评价方式，如实验报告、实验操作记录等，无法全面了解学生在实验中的实际表现和思考过程。这种单一的评价方式影响了对学生实验技能和思维能力的准确评估，不利于学生能力的全面发展。

三、高中化学实验教学面临的挑战

（一）安全风险与管理

1. 实验安全隐患

（1）化学品外溢风险

在化学实验中，常常使用各种化学试剂和溶液，如果处理不当或者实验操作失误，可能导致化学品外溢的风险。这种情况下，学生和教师的皮肤、眼睛等易受伤害的部位可能会遭受灼伤或腐蚀。

（2）火灾爆炸风险

部分化学实验涉及高温、易燃物质或者反应产生的气体，如果操作不当或者实验条件控制不当，可能引发火灾或爆炸事故，造成严重的人身伤害和实验室设施损坏。

（3）设备失效风险

由于实验室设备老化、维护不当或者操作失误，可能导致实验设备的失效，例如实验仪器突然停电或者实验设备损坏，给实验过程带来安全隐患。

2. 实验安全意识薄弱

（1）学生安全教育不足

学生对实验安全的重视程度不够，缺乏对实验操作中潜在危险的认识和理解。他们可能在实验中存在粗心大意、鲁莽行事的情况，增加了安全事故发生的风险。

（2）教师安全管理不严格

一些教师在实验教学过程中对安全管理的重视程度不够，缺乏对实验操作过程中安全隐患的全面考虑和有效控制。这种情况下，可能导致实验安全管理不到位，增加了学生和教师发生意外的风险。

（3）应急处理能力不足

学生和教师缺乏应急处理突发情况的能力，一旦发生安全事故，可能无法及时有效地应对，导致事态进一步恶化。因此，加强安全教育和应急处理能力的培养十分重要。

（二）教学资源与条件

1. 实验设备不足

（1）设备老化和损坏

很多学校的实验室设备存在老化和损坏的情况，例如实验仪器过时、设备功能不全或者部件缺失等问题。这导致学校无法提供足够的实验设备，减少了学生进行实验的机会和降低了实验的质量。

2. 设备更新不及时

部分学校由于经费限制或者管理不善，无法及时更新实验设备，导致实验设备技术水平滞后，无法满足教学需求。这种情况下，学生无法接触到最新的实验技术和设备，影响了他们的实验能力培养。

（3）投入不足

一些学校在实验设备更新和维护上的投入不足，导致实验室设备无法得到有效地维护和管理。这会影响实验设备的正常运行，增加了实验教学的难度和风险。

2. 教材和资料匮乏

（1）实验教材不全面

部分学校缺乏优质的实验教材，实验内容单一，无法满足学生的学习需求。这限制了学生对不同类型实验的接触和探究，影响了他们的实验技能和创新能力培养。

（2）实验资源不丰富

学校教师在设计实验教学方案时，受限于实验资源的匮乏，往往无法提供多样化和创新性的实验内容。这使得学生的实验体验缺乏足够的丰富性和深度性，影响了他们的实验能力培养和学科素养提升。

（3）教材开发不足

学校需要加强对实验教材和资料的开发工作，编写更加丰富多样的实验案例和资源，满足学生的学习需求。这需要学校和教育部门加大对教材开发的投入和支持，提升实验教学质量和水平。

（三）教学模式与方法

1. 教学模式单一

（1）传统验证性实验为主导

传统的化学实验教学往往以验证性实验为主，侧重于验证理论知识，而缺乏探究性和综合性实验。这种单一的教学模式使得学生的实践经验缺乏多样性，难以激发其学习兴趣和探究欲望。

（2）缺乏实践性体验

由于传统验证性实验为主导，学生缺乏对化学现象的实践性体验，无法真正深入理解化学原理和现象背后的机制。这限制了他们对化学知识的全面掌握和应用能力的培养。

（3）教学模式转变的必要性

学校需要意识到教学模式的单一性带来的局限性，积极探索和引入更多的探究性和综合性实验。通过引入多样化的实验内容和教学模式，可以更好地激发学生的学习兴趣，培养其实验设计和问题解决能力。

2. 教学方法不足

（1）缺乏交互式教学

传统的讲授式教学仍然占据主导地位，缺乏与学生的互动和交流。这种教学方法不能有效地激发学生的学习兴趣和主动性，限制了实验教学效果的发挥。

（2）缺乏探究式教学

缺乏探究性的教学方法，学生往往被动地接受知识，而缺乏主动探索的机会。这影响了学生的实验设计能力和问题解决能力的培养，限制了他们的创新潜力的发挥。

（3）教学方法转变的必要性

学校应该加强对教师的培训，提升其教学水平和实验教学技能。引导教师采用多种教学方法，如探究式教学、合作学习和项目化学习等，以提升实验教学的趣味性和互动性，从而更好地促进学生的学习效果和素养提升。

（四）评价与反馈

1. 评价方式单一

（1）依赖考试和成绩

目前，高中化学实验教学的评价主要依赖于考试和成绩，过分注重学生的学习成绩，而忽略了实验技能、思维能力和创新能力等方面的评价。这种单一的评价方式无法全面反映学生在实验教学中的真实水平和能力发展。

（2）缺乏综合评价

学校应当探索多样化的评价方式，如实验报告、实验记录、实验表现评价等，以全面评价学生在实验教学中的综合能力。这样的评价方式能够更好地反映学生的实际表现和潜力，有利于促进其全面发展。

2. 反馈机制不健全

（1）缺乏及时有效反馈

学校缺乏健全的教学反馈机制，导致学生无法及时了解自己在实验教学中的不足和改进方向。教师需要及时对学生的实验表现进行评价和反馈，指导学生改进实验技能和思维方式，以提高其实验能力和学习效果。

（2）建立健全反馈机制的必要性

学校应该建立健全的教学反馈机制，包括定期举行实验教学评价会议、设立学生实验表现档案等方式，以便教师对学生的实验教学过程进行及时跟踪和评估，并向学生提供针对性的指导和反馈。这样的反馈机制有助于学生及时调整学习方法，改进实验技能，提高实验教学的效果和质量。

通过建立多样化的评价方式和健全的反馈机制，可以更好地促进高中化学实验教学的全面发展。这不仅有助于提高学生的实验能力和思维水平，也能够有效促进教师的教学水平和实验教学的创新。

第二节　国内相关研究的概述和评价

一、化学实验教学研究

在21世纪，全球范围内，包括美国、英国和日本在内的各个国家的化学教育都逐渐重视提升学生的科学素养，其中化学实验的重要性进一步得到凸显。在美国，一些知名的化学教材如《化学》和《现代化学》等更加注重学生的实验能力和思维过程，强调实验在化学学科中的核心地位。这些教材的出版标志着美国化学教育的转变，使得实验成为学习化学的重要途径之一。在英国，实验在化学教学中占据了非常重要的地位，约占课程总课时的80%。教师们通过多样化的评估方式，如实验技能评估、实验操作测试等，来评价学生的实验学习情况。实验不仅帮助学生理解知识和掌握技能，更重要的是成为提升学生科学素养的有效载体，促进他们的科学思维和解决问题的能力的培养。在日本，化学教学的最终目标是全面培养学生的科学素养。教材中的实验设计注重联系生活实际，强调实验的定量化，并通过逐步深入的探究性实验活动，培养学生的科学探究能力。[1] 此外，日本还重视增强实验的趣味性，培养学生的安全意识和环保意识，使得学生在实验中不仅能够获得知识，还能够培养正确的价值观和行为习惯。

根据对"高中化学实验教学"关键词的检索结果显示，截至2022年12月31日，中文文献共有2264篇。如图2-2，从发表文献的年度分布来看，我国关于高中化学实验教学的研究起步于21世纪初，整体呈现逐年上升的趋势。尽管近几年有一定幅度的下降但从2017年至2019年这段时间内，关于高中化学实验教学的研究文献数量出现了飞跃式增长。这与2017年版高中化学课程标准的正式实施密切相关，标准的改革引起了对教学模式的重视，研究者开始关注如何构建符合新课标要求的化学实验教学模式，特别是着重于全面发展学生化学学科核心素养。尽管近几年有关高中化学实验教学研究的热度有所减弱，但是随着新版高中化学教材在全国范围内的正式推广使用，研究者面临着新的挑战和机遇。新版教材与旧教材相比，实验内容设置发生了较大变化，特别是增加了学生必做实验。在新时代背景下，如何通过化学实验教学，尤其是学生必做实验教学，来促进学生的化学学科核心素养的全面发展，成为当前的研究热点和重要课题，具有重要的理论和实践意义。

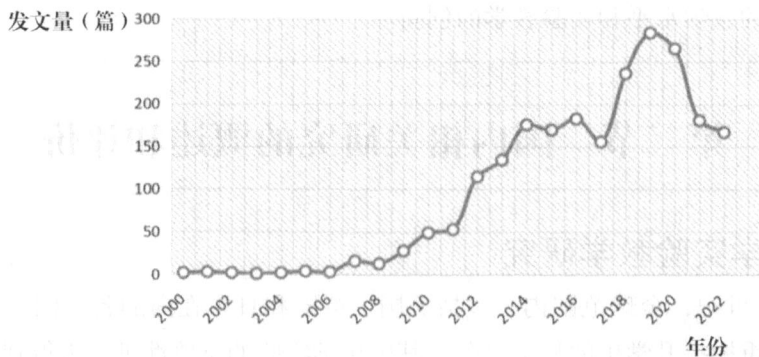

图2-2 有关"高中化学实验教学"研究的文献年度发文趋势（图片来源：网络资源）

1 姚志强，赵红丽，高峰. 日本高中《化学Ⅰ》教材中实验设计的特色及启示 [J]. 中国校外教育（理论），2008（08）：117.

　　根据对关于高中化学实验教学的研究文献进行的主题分布统计，如图 2-3 所示，除了关于实验的改进、创新、数字化等化学实验本身的研究以及化学实验教学的研究外，化学学科核心素养和教学策略成为研究的主要方向。这表明学术界对于如何在高中化学实验教学中有效落实化学学科核心素养的培养非常感兴趣，这一领域具有重要的研究价值。这种趋势反映了对于高中化学实验教学的关注已经从单纯的实验操作和技术性问题转向了更加注重学科核心素养和教学策略的研究。在当前教育环境下，培养学生的综合素养和创新能力已经成为教育的重要目标，而化学实验教学作为培养学生科学素养的重要途径之一，其在学科核心素养的培养方面具有巨大潜力。

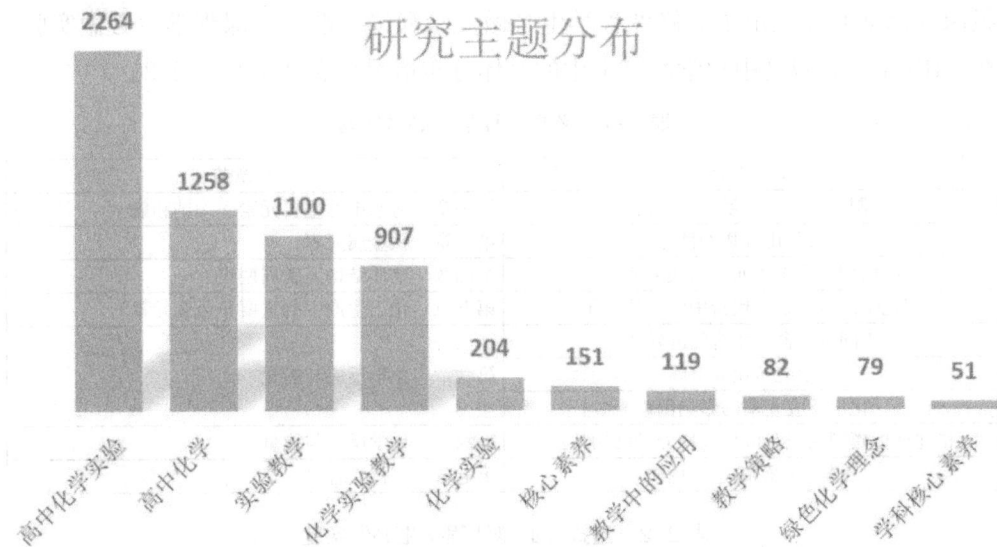

图 2-3　关于"高中化学实验教学"的研究文献主题分布（图片来源：网络资源）

二、学生必做的高中化学实验研究现状

　　关于通过学生实验活动的教学来培养学生的科学探究能力，美国等发达国家都是非常重视的。在美国，高中化学教材《化学：概念与应用》共设置有起始实验、微型实验、实验室实验、家庭实验四类实验活动。其中实验室实验属于学生必须在实验室动手完成的实验，要求学生运用所学化学知识、科学方法，以及在其他实验中掌握的技能，自己动手进行实验操作，体验科学探究的过程。在日本高中化学教材《新编化学基础》中，学生实验活动主要包括"观察实验"和"探究活动"两类。"观察实验"属于基础性实验，分布在各章节内部，主要是为了让学生通过观察、操作来深化对具体化学知识点的理解，注重学生实验基础的

训练，培养观察能力和动手能力；此外，在部分章节末还设置了综合性实验——"探究活动"，对应章节的主要内容，要求学生自主设计并实施实验，完成实验报告，侧重于让学生体会完整的探究过程，锻炼学生的探究能力，提升科学探究素养。新加坡教材《发现化学常态（A）5N》根据实验的性质和操作过程，将实验分为起步实验、探究实验、工业实验、微型实验四种类型，其中数量占比最高的是探究实验，超过实验总数的 60%，其次是起步实验和微型实验[1]。新加坡中学化学实验教学突出以学生为中心，注重学生动手动脑，在实验探究过程中发展学生的科学探究能力和培养学生的科学素养。

在我国，为了强化化学实验教学，培养学生的实验探究能力，2020 年修订版课程标准明确规定了必修课程学生必做实验和选择性必修课程学生必做实验。在 2019 年人教版高中化学教科书中的具体分布情况见表 2-1 和表 2-2。

表 2-1 必修课程学生必做实验

实验内容	所在章节
配制一定物质的量浓度的溶液	第一章 海水中的重要元素——钠和氯
铁及其化合物的性质	第三章 铁金属元素
同周期、同主族元素性质的递变	第四章 物质结构元素周期表
用化学沉淀法去除粗盐中的杂质离子	第五章 化工生产中的重要非金属元素
不同价态含硫化合物的转化	第六章 化学反应与能量
化学能转化成电能	
化学反应速率的影响因素	
搭建球棍模型认识有机化合物分子结构特点	第六章 化学反应与能量
乙醇、乙酸的主要性质	第七章 有机化合物

表 2-2 选择性必修课程学生必做实验

实验内容	所在章节
探究影响化学平衡移动的因素	第一册第二章化学反应速率与化学平衡
强酸与强碱的中和滴定	第一册第三章水溶液中的离子反应与平衡
盐类水解的应用	第一册第四章化学反应与电能
简单的电镀实验	
制作简单的燃料电池	
简单配合物的形成	第二册第三章晶体结构与性质
乙酸乙酯的制备与性质	第三册第三章烃的衍生物
有机化合物中常见的官能团的检验	
糖类的性质	第三册第四章生物大分子

在中国知网数据库中以 18 个高中化学学生必做实验主题中的核心词为关键词进行检索，时间截至 2022 年 12 月 31 日，通过对文献的标题及摘要进行初筛，共检索到相关中文文献 117 篇，其中绝大多数来源于《化学教育（中英文）》

---

1 吴芳. 中新两国中学化学教材部分实验对比研究 [D]. 宁夏大学，2018.

《化学教学》及《中学化学教学参考》，共计113篇，其他期刊3篇，无学位论文。经过对所检索文献进行精读，与学生必做实验活动内容比较相关或具有较高参考借鉴价值的文献共计82篇，具体的学生必做实验相关文献数量分布如图2-4所示。

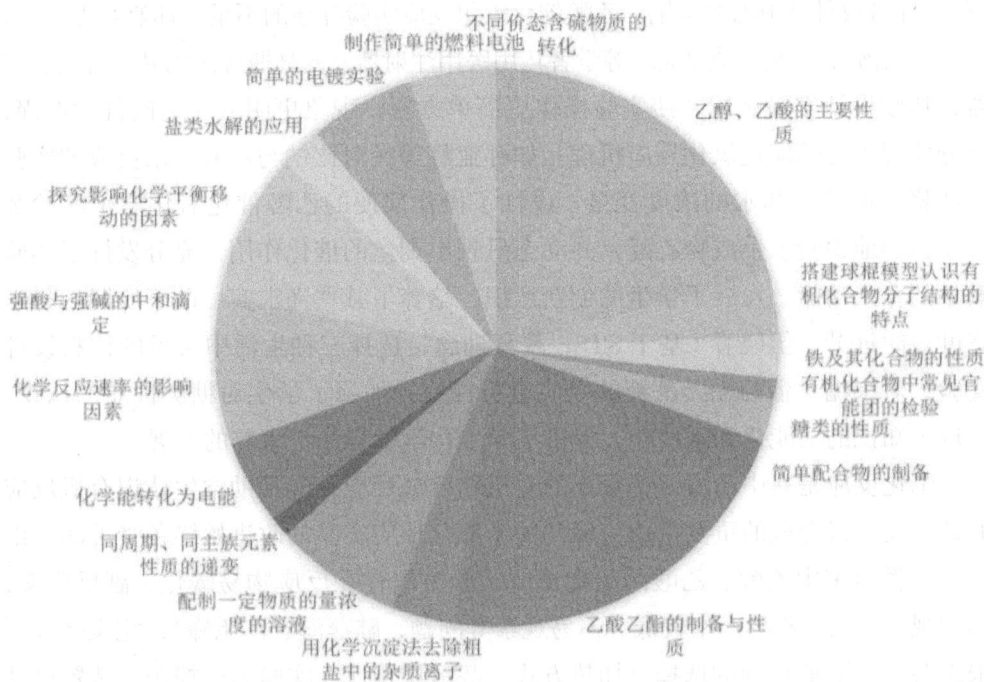

图2-4 学生必做实验相关研究文献分布（图片来源：网络资源）

从学生必做实验研究文献数量分布情况分析，关于有机化合物的制备合成实验如乙醇、乙酸的主要性质、乙酸乙酯的制备与性质，以及探究化学平衡移动的因素、配制一定物质的量浓度的溶液、简单的电镀实验、制作简单的燃料电池等化学概念原理类实验研究较多，而有关同周期、同主族元素性质的递变、有机化合物中常见官能团的检验、简单配合物的制备等实验的研究较少。从学生必做实验所属的课程模块来看，有关选择性必修一《化学反应原理》中的学生必做实验研究最多，其次是必修二，选择性必修三《有机化学基础》与必修一相对较少，研究最少的是选择性必修二《物质结构与性质》。

物质性质及转化规律类学生必做实验内容主要包括元素化合物及有机化合物。王继良老师以学生为主体，启发、引导学生综合运用氧化还原反应、离子反应等理论知识，自主设计、讨论、评价实验方案，开展实验探究，掌握Fe^{3+}和Fe^{2+}的检验和相互转化的方法，调动了学生实验探究的积极性，培养了学生的实验操作、小组合作、交流表达等能力[1]。胡久华等以"不同价态含硫物质的转化"实验课为例，阐释促进问题解决思路建构的学生必做实验课教学设计与实施的方法与策略[2]。刘贝贝、严文法基于发展职业前化学教师的模型建构能力的目的，对学生必做实验"搭建有机分子球棍模型"进行开发设计，具有较高的参考借鉴价值[3]。针对教科书中乙醇与钠、乙醇催化氧化反应实验存在的不足，孙亚红等[4]，张瑞、王玉梅[5]，李勇、袁清磊[6]等学者巧用医用注射器、西林瓶等医用品代替实验仪器，巧妙设计实验装置，使实验操作更简单方便，现象更明显，结论科学严谨，充分体现了乙醇催化氧化反应机理。如孙亚红等在对比钠与乙醇、水反应的实验中严格控制乙醇和水的浓度变量，设计了操作简便的乙醇催化氧化学生实验装置，科学地检验了生成物乙醛，并动态呈现出铜丝的催化作用，充分发挥了实验教学的育人功能，发展了学生的创新意识，培养了其严谨求实、敢于质疑的科学态度。胡远芳、伍晓春[7]基于 STSE 教育理念，选择三种生活中常见的饮料设计实验，对果糖、葡萄糖、蔗糖的性质进行探究，加深了学生对糖类性质的认识，实现了知识的功能化和素养化，促进了学生化学学科核心素养的发展。

酯化反应是高中阶段一个重要的有机物合成反应，能帮助学生认识有机反应的特点及有机合成的重要价值，因此关于酯化反应实验的改进始终备受关注。由于现行教科书中乙醇、乙酸的酯化反应实验方法存在反应物易碳化，副反应多，影响观察，乙酸乙酯产率较低，不易观察等问题，陆燕海、江旭峰[8]、鲍文亮等[9]、朱志荣等[10]对催化剂的选择、加热方式、醇酸用量比、实验温度控制、装置设计等方面进行了全面详细的研究改进，具有重要的参考借鉴价值。其中朱志荣老师对影响实验结果的主要因素进行了系统研究，提出了较为理想的实验改进措施，具有较高的实用性、可操作性和科学性。此外李嘉妙用医用真空采血管，设计微型减压蒸馏装置制备乙酸乙酯，装置安全高效、实验效果好，适合用作学生课堂

1　王继良.在实验中体验探究过程——苏教版"铁、铜及其化合物的应用"教学设计[J].中学化学教学参考，2011（06）：30-33.
2　胡久华，李琦，马洪武，冯清华.促进问题解决思路建构的学生必做实验课教学——以"不同价态含硫物质的转化"为例[J].基础教育课程，2019（14）：63-68.
3　刘贝贝，严文法.基于职前化学教师建模能力发展的"搭建有机分子球棍模型"实验设计[J].化学教学，2022（02）：19-23.
4　张瑞，王玉梅.乙醇性质实验改进[J].中学化学教学参考，2021（12）：73.
5　孙亚红，熊辉，王涛，雒银花.发挥实验在发展学生化学学科核心素养中的重要功能——以乙醇的化学性质实验改进为例[J].化学教育（中英文），2020，41（05）：97-100.
6　李勇，袁清磊.乙醇催化氧化及产物性质实验的再改进[J].中学化学教学参考，2020（01）：53-54.
7　胡远芳，伍晓春.STSE 教育理念下糖类性质的实验设计[J].中学化学教学参考，2022（06）：68-70.
8　陆燕海，江旭峰.制备乙酸乙酯若干问题的实证与教学分析[J].化学教学，2020（05）：87-92.
9　鲍文亮，林美凤，刘丽君.水浴条件下乙酸乙酯制备实验的改进[J].化学教学，2019（10）：64-66.
10　朱志荣.乙酸乙酯制备演示实验的改进[J].化学教学，2015（02）：59-62.

微型实验及兴趣实验[1]。酯的水解是酯的重要化学性质之一，乙酸乙酯在不同酸碱性条件下的水解程度对比也是实验研究的重点。教科书上传统的乙酸乙酯水解实验通过闻气味感知乙酸乙酯在酸性、中性、碱性条件下的水解程度，存在分辨率低，说服力不强，实验中乙酸乙酯用量较少（仅6滴），乙酸乙酯部分溶于水，实验温度偏高，乙酸乙酯及水解产物存在挥发，实验效果不理想等问题。对此，张丽娟[2]、苗深花[3]、相虎等[4]加入甲基橙、红色或黄色铅笔杆上的漆膜等染色剂对酯层或水层染色，通过观察酯层高度变化判断水解速率，在试管口塞上胶塞或安装长导管以减少挥发，并探寻出乙酸乙酯水解的最佳实验条件。王寿红利用手持技术测定乙酸乙酯水解过程的电导率和pH变化，研究不同条件下的水解速率，实现从定量角度认识乙酸乙酯水解反应规律和微观实质[5]。与此形成对比的是，配位化合物是学生认识配位键的重要载体，也是一种重要的物质类型，而有关配位化合物形成的实验研究却较少。李绮琳等利用手持技术对铜氨配合物的形成与破坏过程进行探究，根据四重表征模型，从宏观、微观、符号、曲线4个角度分析反应过程，揭示反应本质，多维度地有效建构"配合物"概念[6]。张帅等基于深度学习教学设计"四要素"，设计层层递进的实验探究活动，开展"配合物"的深度教学，并构建出探究实验设计的一般思路[7]。

"用化学沉淀法去除粗盐中的杂质离子"作为高中阶段唯一一个物质分离提纯类的学生必做实验，其在巩固初中所学的溶解、过滤和蒸发等基本实验操作的基础上，进一步发展了学生综合应用离子反应等知识去除粗盐中可溶性杂质离子的能力，通过该实验能帮助学生掌握化学除杂的基本方法、基本原则及考虑因素，认识化学方法在物质的分离与提纯中的重要作用。学者们对该实验在教学中应予关注的问题如除杂试剂添加顺序、实验步骤等进行了分析讨论。曹葵等认为由于盐效应的存在，氯化钡溶液与氢氧化钠溶液的添加顺序会直接影响到能否除净硫酸根离子，为保证硫酸根离子除净，该实验的第一步必须是去除硫酸根离子[8]。刘志红、余燕艳对"分离和提纯物质都是除掉杂质吗？"等"粗盐提纯"实验教学

1　李嘉.乙酸乙酯制备实验的微型化改进[J].化学教育（中英文），2018，39（15）：76-77.
2　张丽娟.乙酸乙酯水解实验再探究[J].中学化学教学参考，2019（21）：43-45.
3　苗深花.乙酸乙酯水解反应的探究[J].化学教育，2003（11）：36-37+51.
4　相虎.酯的水解实验的改进[J].化学教育，2003（04）：45.
5　王寿红.基于手持技术的乙酸乙酯水解实验研究[J].化学教育，2014，35（15）：61-65.
6　李绮琳，钱扬义，张惠敏，唐文秀，林丹萍.利用手持技术数字化实验促进学生对配合物概念的学习——以铜氨配合物的形成和破坏过程为例[J].化学教育（中英文），2020，41（01）：79-88.
7　张帅，袁廷新，张建强，郭玉林.基于深度学习构建探究实验设计思路——以"探秘铜（Ⅱ）离子配合物"为例[J].化学教育（中英文），2022，43（07）：11-14.
8　曹葵，李燕，杨晓玲.去除粗盐可溶性杂质必须第一步去除硫酸根离子——从盐效应角度分析实验步骤[J].化学教育（中英文），2021，42（07）：104-107.

中存在的几个问题进行了探讨，并给出了进行相应的教学建议[1]。

　　《化学反应原理》中关于探究影响化学平衡移动的因素、简单的电镀实验、制作简单的燃料电池研究较多，这可能是因为这些学生实验能帮助学生深化对化学概念原理的认识，同时趣味性强，能激发学生学习化学的兴趣和积极性，认识化学在生产生活中的重要价值。刘长胜老师借助现代实验技术，运用压强传感器和色度传感器，让学生直观体验化学平衡移动和新平衡建立的过程，加深学生对压强影响化学平衡移动的认识[2]。王树志老师将现行教材中关于浓度对化学平衡的影响实验改为探究性实验，深度探究了浓度对化学平衡的影响，从而帮助学生全面、深刻地体会外界条件改变对化学平衡的影响[3]。钱华老师精心设计了浓度、温度、压强对化学平衡状态影响的三组学生实验，引导学生通过参与提出问题、理论预测、设计实验、实验操作等探究过程，形成对化学平衡的"宏—微—符"三重表征，突出培养了学生"证据推理"的化学学科核心素养。

　　总之，现有研究主要聚焦于新授课中的化学实验教学以及实验本身的改进创新，而对学生必做实验教学的价值分析、设计及实施、评价关注较少。新课标明确要求开展学生必做实验，高中化学新教材也在全国大部分省市投入使用，在新时代"素养为本"的教学理念下，研究如何通过学生必做实验教学发展学生的化学学科核心素养具有重要意义。

1　刘志红，余燕艳.以粗盐为原料提纯氯化钠的问题探讨 [J].化学教育，2015，36（04）：68-70.
2　刘长胜.压强影响 2NO₂（g）⇌ N₂O₄（g）平衡的实验设计 [J].化学教学，2014（04）：46-47.
3　王树志.深度探究浓度对化学平衡的影响 [J].化学教育，2015，36（09）：62-64.

第三章　实验教学资源的理论基础

第一节　实验教学资源的概念和分类

一、实验教学资源的概念

（一）化学实验教学含义及模式

化学实验教学指在教学中化学教师或学生依据一定的实验目的，运用恰当的实验设备、仪器、装置等手段，在人为的实验条件下改变实验对象的状态与性质，获得多种化学事实，达成化学教学目标的一种教学实践活动。将化学实验放置于一定的化学教学情境下，为达到一定的化学教学目的而开展的一系列教学实践活动就是化学实验教学。

高中化学实验教学是指：在普通高中化学课程标准的引领下，教师和学生为了达到一定的教学目标，而开展的一系列教学实践活动，教师基于实验资源环境以及学生的知识心理水平，设计符合安全规范的实验活动和科学的评价体系，学生在实验活动中完成知识和能力的内化、发展实验思维和方法、养成严谨求实的科学态度。当前有一些化学实验教学模式在教学实践中比较常用，演示讲授模式、实验归纳模式、实验演绎模式和实验探究模式等。

演示讲授模式是一种相对传统，但经典的实验教学模式，是将教师的演示实验与教师的讲解所结合的一种教学模式，在中学化学实验教学中得到了最广泛的应用。如图 3-1，教师进行示范操作，引导学生进行观察，学生记录典型事实和现象，再通过师生交流、生生交流得出科学结论，教师进一步提供新的事实或情境，让学生再一次进行练习应在进行实验演示时，教师要进行讲授，讲授不可过于简洁，否则形成"哑巴演示"的局面，不能有效地引导学生思考，也需要防止教师讲解过多过细，影响学生专注地观察与对实验事实的思考反思。

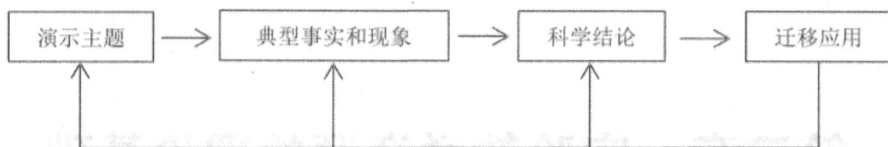

图 3-1　化学实验演示讲授模式

实验归纳模式是在教师的引导、提示下学生进行实验活动，学生通过归纳的方法认识化学概念和原理的一种实验教学模式。如图 3-2，其教学程序大致如下，学生进行实验、记录实验现象和结果，在教师的引导下对特定的事实和现象进行概括，得出科学的结论，最后结合教学内容进行练习应用。实验归纳模式初显了化学实验教学的探究性教学功能，相比演示讲授模式，学生有机会亲自动手操作实验，对实验事实和现象更为贴近地掌握第一手信息，学生的实验操作能力也可以获得相应的发展。

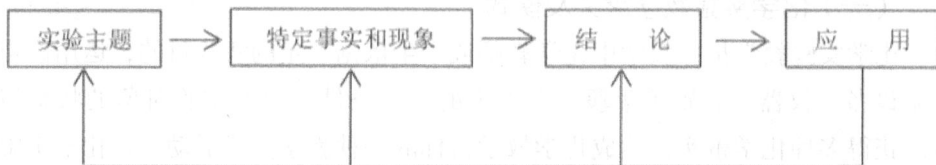

图 3-2　化学实验归纳模式

实验演绎模式是通过演绎新的实验，将已有的化学概念和原理进行深化和拓展的一种化学实验教学模式。如图 3-3，它的教学程序大体如下：确定实验主题，学生做实验、观察、识记，得出新的实验事实和现象，在教师的指导下，进一步进行演绎推理得出经过印证的科学结论，然后结合教学实际进行练习运用。实验演绎模式不仅对学生巩固、深化、拓展所学知识有很大作用，而且有利于学生形成和发展高阶思维。比如，学生学习了置换反应以后，了解到前面的金属可以置换金属性活动顺序表之后的金属，例如金属铁可以从硫酸铜溶液中置换出金属铜，但是金属钠却无法在硫酸铜溶液中置换出铜单质，反而生成了氢氧化铜沉淀。学生在已有的知识产生了冲突的情况下，进行实验，得出结论，就完成了一次实验演绎。

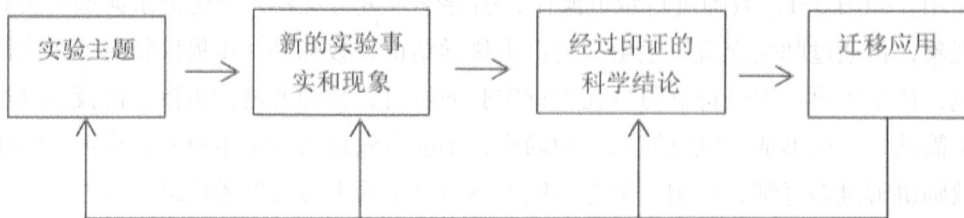

图 3-3　化学实验演绎模式

化学实验探究教学模式是当前最重要的化学实验教学模式，因为实验不仅是一种验证性的实验活动，其本质是科学实践。化学实验探究教学模式大致分为两种，一种是以科学抽象方法为主的实验教学探究模式，学生需要运用比较、分类、归纳和概括等逻辑的方法排除认识对象的非本质属性，而抽取其共同的本质属性。如图3-4，其大体流程如下，在创设的情境之下，发生教师交流、学生讨论明确情境中所涉及的化学问题，学生进行实验并收集相关实验事实，在教师的引导和提示下通过科学抽象的思维方法得出结论，最后进行交流并在教学要求下进行练习应用。此教学模式要素中需要情境的创设，因此教学中应尽可能选用多的具体事例作为探究对象，以便激发学生的求知欲和学习兴趣，使学生进行更充分的比较、分类、归纳和概括，得出更令人感兴趣且令人信服的结论。

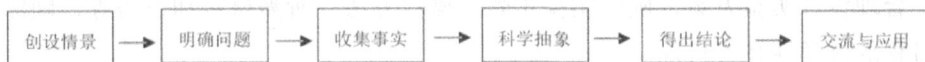

创设情景 → 明确问题 → 收集事实 → 科学抽象 → 得出结论 → 交流与应用

图3-4　化学实验探究教学模式 Ⅰ

另外一种是以假说及其验证为主要内容的模式，需要学生大胆地进行想象和推测、发表自己的意见和建议，更加强调学生科学探究与创新意识的培养。如图3-5，其大致的流程如下，教师创设相关情境，由教师或学生提出问题，学生根据已知的实验事实和科学理论，对目前未知的现象以及规律进行讨论、分析，大胆地提出推理和解释，在教师的引导下进一步设计相关的设计，验证所提出的假说，通常来说实验是最可靠、最直接、最有信服力的方式。

创设情景 → 提出问题 → 提出假说 → 验证假说 → 得出结论 → 交流与应用

图3-5　化学实验探究教学模式 Ⅱ

可见，从化学实验教学模式来探究当前化学实验教学的特点，当前化学实验教学模式发展已从化学实验演示讲授模式逐步走向强调化学实验教学的探究性教学功能的化学实验探究教学模式，化学实验探究教学模式成为当前最重要的模式，其体现了化学实验不仅是一种验证的实验活动，也说明了化学实验教学其本质是科学实践。项目学习强调学生独立或合作地解决现实问题，其本质的过程是学生问题解决的探究过程，其与化学实验教学中的探究教学模式不谋而合。因此化学实验教学模式与项目学习模式的融合具有一定的可操作性，体现了项目学习应用于化学实验教学的可能性。

（二）新课标对化学实验教学的目标要求

普通高中的课程目标体系围绕学科核心素养五个维度进行建构，旨在通过真实情境的设定，推进以化学实验为主的多元探究活动，从而培养学生的创新精神和实践能力。必修课程设置了五个主题，其中主题一"化学科学与实验探究"中详细阐述了在化学实验、化学探究方面，对学生的要求，对其进行综合整理与分析，得出高中化学实验中，要求学生具备一定的化学实验技能，其中包括五个主要层面，如图3-6所示，分别为问题提出与假设、实验方案设计、实施实验与数据采集、结果分析与结论推演以及沟通反思的能力。

第一，学生需要具备问题提出与假设的能力。这意味着学生能够根据实验的背景和目的，提出明确的问题，并在此基础上建立合理的假设，为实验的设计和实施奠定基础。

第二，学生应具备实验方案设计的能力。这包括了学生能够根据问题和假设，合理设计实验方案，确定实验步骤、操作方法、所需材料和设备等，确保实验过程的科学性和可行性。

第三，学生需要掌握实施实验与数据采集的技能。这要求学生能够准确地执行实验操作，按照设计方案进行数据的采集和记录，保证实验数据的可靠性和准确性。

第四，学生应具备结果分析与结论推演的能力。在实验数据采集完成后，学生需要对实验结果进行分析和解读，从中提取出规律性的结论，并能够进行推理和推断，深化对化学原理的理解。

最后，学生需要具备沟通反思的能力。这包括了学生能够清晰地表达实验过程中的观察、发现和思考，以及对实验结果的解释和评价，同时对实验中可能存在的误差和改进方向进行反思和总结。

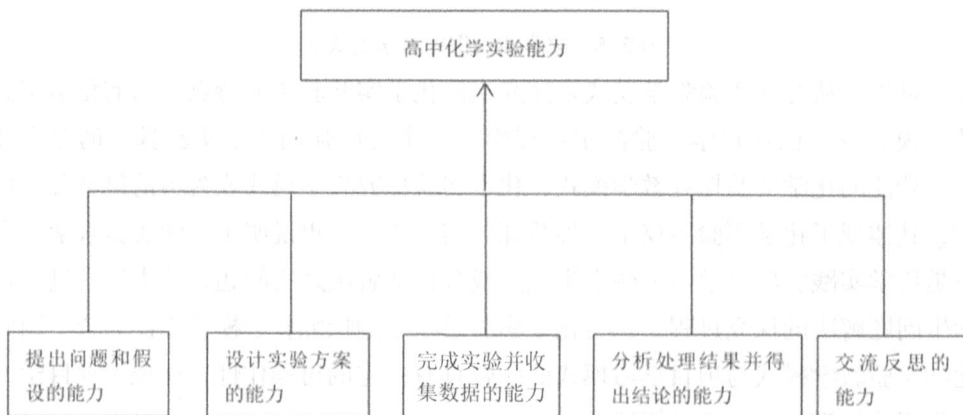

图3-6 高中化学实验能力构成

二、实验教学资源的分类

（一）物质资源

在化学实验教学中，物质资源是支撑实验操作和教学活动的基础。实验器材、化学试剂和安全装备等物质资源的提供，为学生提供了进行实验操作和探究学习的必要条件。下面将继续介绍这些物质资源的重要性和作用（见图3-7）。

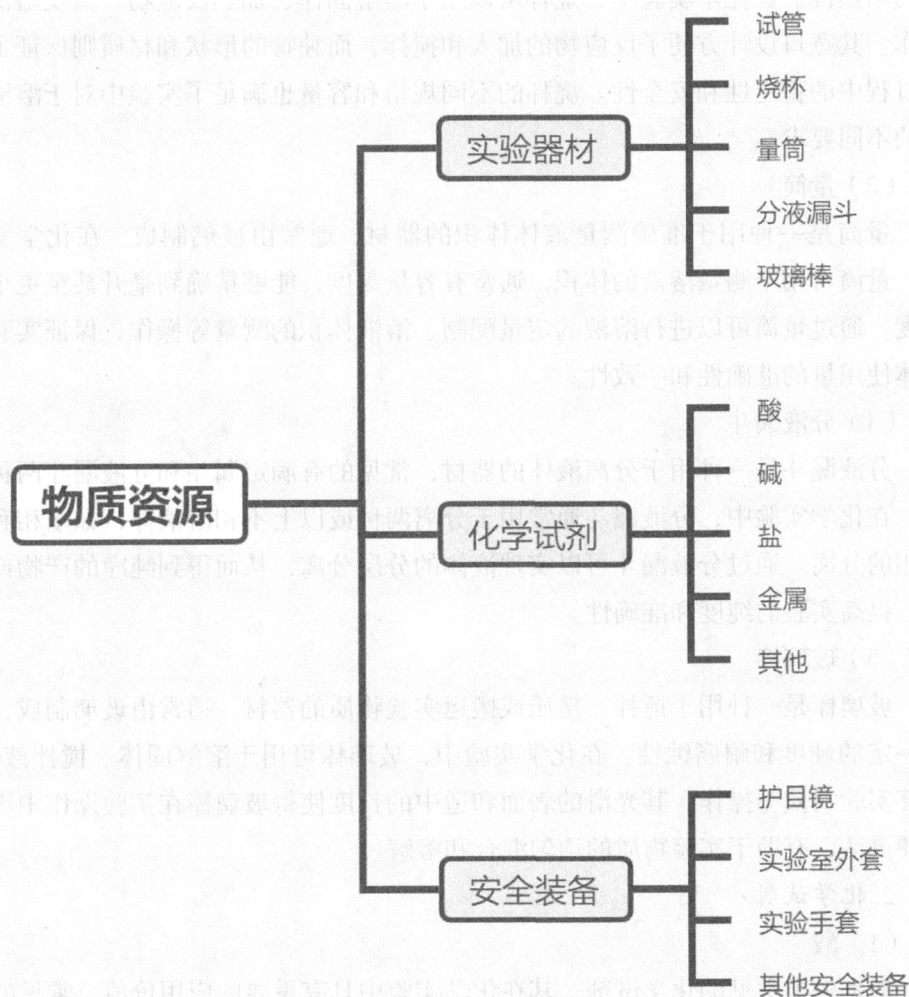

图3-7　物资资源架构图

1. 实验器材

（1）试管

试管是化学实验中最常用的基本器材之一。它通常由玻璃制成，具有一定的耐热性和耐腐蚀性。在实验中，试管可用于装载反应物、混合溶液、观察反应产物等。不同规格的试管可适用于不同体积的溶液，从小型试管到大型试管，都可以满足不同实验需求。此外，试管还可以与其他器材配合使用，如试管夹、试管架等，方便实验操作和观察。

（2）烧杯

烧杯是一种圆底或者扁底的玻璃容器，通常用于加热溶液或反应物，具有较好的耐热性。在化学实验中，烧杯可以用于溶解固体、加热反应物、蒸发溶液等操作。其宽口设计方便了反应物的加入和搅拌，而独特的形状和材质则保证了加热过程中的稳定性和安全性。烧杯的不同规格和容量也满足了实验中对于溶液体积的不同要求。

（3）量筒

量筒是一种用于准确测量液体体积的器材，通常由玻璃制成。在化学实验中，量筒可用于测量溶液的体积，通常有容量刻度，能够精确到毫升甚至更小的刻度。通过量筒可以进行溶液的定量配制、溶液体积的测量等操作，保证实验中液体使用量的准确性和一致性。

（4）分液漏斗

分液漏斗是一种用于分离液体的器材，常见的有滴定漏斗和分液漏斗两种类型。在化学实验中，分液漏斗通常用于分离两种或以上不相溶液体，如水相和有机相的分离。通过分液漏斗可以实现液体的分层分离，从而得到纯净的产物或溶液，提高实验的纯度和准确性。

（5）玻璃棒

玻璃棒是一种用于搅拌、挤压或搬运实验物质的器材，通常由玻璃制成，具有一定的硬度和耐腐蚀性。在化学实验中，玻璃棒可用于溶解固体、搅拌液体、转移实验物质等操作。其光滑的表面和适中的长度使得玻璃棒在实验操作中更加方便灵活，有助于实验物质的均匀混合和溶解。

2. 化学试剂

（1）酸

酸是一类常见的化学试剂，其在化学实验中具有重要的应用价值。常见的酸包括硫酸、盐酸、硝酸等，它们在实验中可用于中和反应、酸碱滴定、金属活动性实验等。酸性溶液的加入能够改变反应体系的酸碱性质，促进特定反应的进行，从而实现实验目的。

（2）碱

碱是另一类常见的化学试剂，其具有中和酸的性质，常见的碱有氢氧化钠、氢氧化钾等。在化学实验中，碱性溶液常用于酸碱中和反应、沉淀反应等。碱性溶液的加入可以中和酸性溶液，改变反应体系的酸碱性质，推动特定反应的进行。

（3）盐

盐是由金属离子与非金属离子或其他阳离子和阴离子组成的化合物，常见的盐包括氯化钠、硫酸铜等。在化学实验中，盐可以作为反应物或产物参与到不同类型的化学反应中，如中和反应、沉淀反应等。通过合适的实验操作，可以从盐中观察到不同的化学现象和反应规律。

（4）金属

金属是一类常见的化学试剂，包括铁、铜、锌等。在化学实验中，金属常用于活动性实验、电化学实验等，通过金属与酸、碱或其他化合物发生反应，产生气体、溶液或沉淀等变化，从而实现实验目的。

（5）其他

除了上述常见的化学试剂外，还有许多其他类型的化学试剂在化学实验中具有重要作用。例如，指示剂用于酸碱滴定实验中的终点检测，溶剂用于溶解固体试样，催化剂用于加速特定反应的进行等。这些化学试剂的提供为化学实验的顺利进行和实验结果的准确获取提供了重要保障。

3.安全装备

（1）护目镜

护目镜是化学实验中必备的个人防护装备之一，用于保护眼睛免受化学试剂溅射、飞溅或挥发物的伤害。护目镜通常由透明的塑料或玻璃制成，具有一定的耐腐蚀性和抗冲击性。在实验过程中，学生必须佩戴护目镜，特别是在涉及强酸、强碱等具有刺激性或腐蚀性的试剂时，以保护眼睛免受伤害。

（2）实验室外套

实验室外套是一种专门设计用于化学实验的防护服装，通常由耐酸碱的材料制成，具有防护性能和舒适的穿着体验。实验室外套可以有效阻隔化学试剂对皮肤的直接接触，减少化学品对身体的损害，同时也能减少实验服装受到污染，保护穿戴者的衣物。

（3）实验手套

实验手套是进行化学实验时必备的个人防护用具，通常由橡胶或塑料等材料制成，具有一定的耐腐蚀性和耐磨性。实验手套的主要作用是保护手部免受化学试剂的直接接触和刺激，防止化学品对皮肤造成损害。在实验操作过程中，学生应佩戴实验手套，并注意及时更换，以确保实验操作的安全性和卫生性。

（4）其他安全装备

除了护目镜、实验室外套和实验手套外，还有其他一些安全装备在化学实验中也具有重要的作用。例如，实验室通风设施可有效排除实验过程中产生的有害气体，保持实验环境的清洁和安全；急救箱和安全淋浴器可提供在紧急情况下的急救措施，确保实验操作的安全性和及时性。这些安全装备的提供和使用对于保障学生在化学实验中的人身安全和健康至关重要。

（二）设备资源

设备资源在化学实验教学中扮演着至关重要的角色，为学生提供了实验操作所需的各种仪器设备和实验装置，通过使用不同的仪器设备和实验装置，学生能够深入了解化学原理和实验方法，提高实验操作的技能和能力。下面将继续介绍这些设备资源的重要性和作用（见图3-8）。

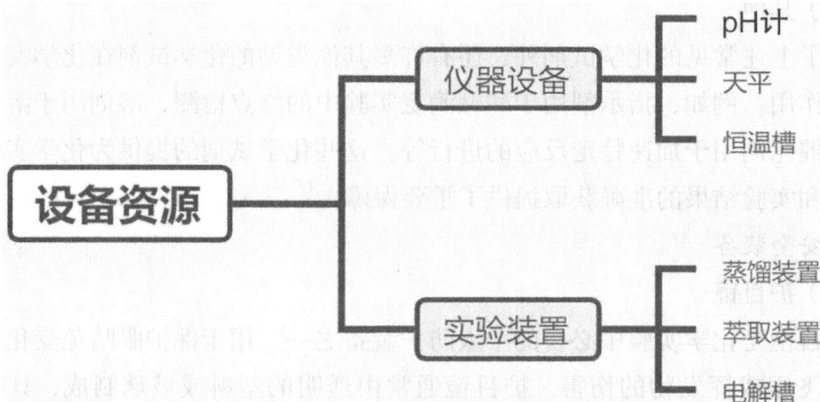

```
                              ┌── pH计
                   ┌ 仪器设备 ─┼── 天平
                   │          └── 恒温槽
         设备资源 ──┤
                   │          ┌── 蒸馏装置
                   └ 实验装置 ─┼── 萃取装置
                              └── 电解槽
```

图3-8　设备资源架构图

1.仪器设备

（1）pH计

pH计是一种用于测量溶液酸碱性的仪器设备，通过检测溶液中的氢离子浓度来确定其pH值。在化学实验中，pH计通常被用于酸碱滴定实验、中和反应等，它能帮助学生准确地控制实验条件和监测反应过程中溶液的酸碱性变化。通过使用pH计，学生能够实时监测实验溶液的pH值，及时调整实验条件，确保实验结果的准确性和可重复性。

（2）天平

天平是一种用于测量物质质量的仪器设备，通常分为电子天平和机械天平两种类型。在化学实验中，天平被广泛应用于物质的称量、溶液的配制等操作。学生通过使用天平，可以精确地称量固体试剂或溶质，控制实验物质的用量和比例，保证实验结果的准确性和可靠性。

（3）恒温槽

恒温槽是一种用于控制溶液温度的仪器设备，通过设定恒定的温度值来保持溶液温度的稳定性。在化学实验中，恒温槽常用于需要在特定温度条件下进行的实验，如酶活性实验、晶体生长实验等。学生可以通过恒温槽来控制实验温度，保持反应条件的恒定性，确保实验结果的可重复性和可比性。

2. 实验装置

（1）蒸馏装置

蒸馏装置是一种用于液体分馏的实验装置，通常由蒸馏烧瓶、冷凝管、接收烧瓶等部件组成。在化学实验中，蒸馏装置常用于分离混合溶液中的不同组分，如提纯溶液、分离挥发性液体等。学生通过搭建和操作蒸馏装置，可以深入了解蒸馏原理和方法，掌握液体分馏的操作技能，实现对混合溶液的有效分离和提纯。

（2）萃取装置

萃取装置是一种用于从混合物中提取特定组分的实验装置，通常由萃取漏斗、分液漏斗、滤纸等部件组成。在化学实验中，萃取装置常用于从溶液中分离出挥发性液体、提取有机物等。学生通过搭建和操作萃取装置，可以学习到不同溶剂对物质的萃取能力，掌握萃取操作的技巧和注意事项，实现对混合物中目标组分的有效提取和分离。

（3）电解槽

电解槽是一种用于进行电解反应的实验装置，通常由电解池、电极、电源等部件组成。在化学实验中，电解槽常用于研究电解质溶液的电导性、观察电解反应的产物等。通过搭建和操作电解槽，学生可以深入了解电解反应的原理和规律，掌握电解实验的操作技能，实现对电解过程的实验观察和探究。

（三）资料资源

资料资源在化学实验教学中具有重要的作用，为学生提供了丰富的学习资料和辅助工具。通过实验教材、教学课件和实验手册等资源的使用，学生能够深入理解实验原理和方法，掌握实验操作的技能和步骤。下面将继续介绍这些资料资源的重要性和作用（见图3-9）。

```
                                              ┌─ 实验操作步骤详细
                              ┌─ 实验教材 ─────┼─ 实验原理解析
                              │                └─ 实验数据分析
                              │
                              │                ┌─ 多媒体展示
         ┌───────────┐        │                │
         │ 资料资源  │────────┼─ 教学课件 ─────┼─ 实验原理讲解
         └───────────┘        │                └─ 实验步骤演示
                              │
                              │                ┌─ 实验步骤详细说明
                              └─ 实验手册 ─────┤
                                              └─ 实验操作注意事项
```

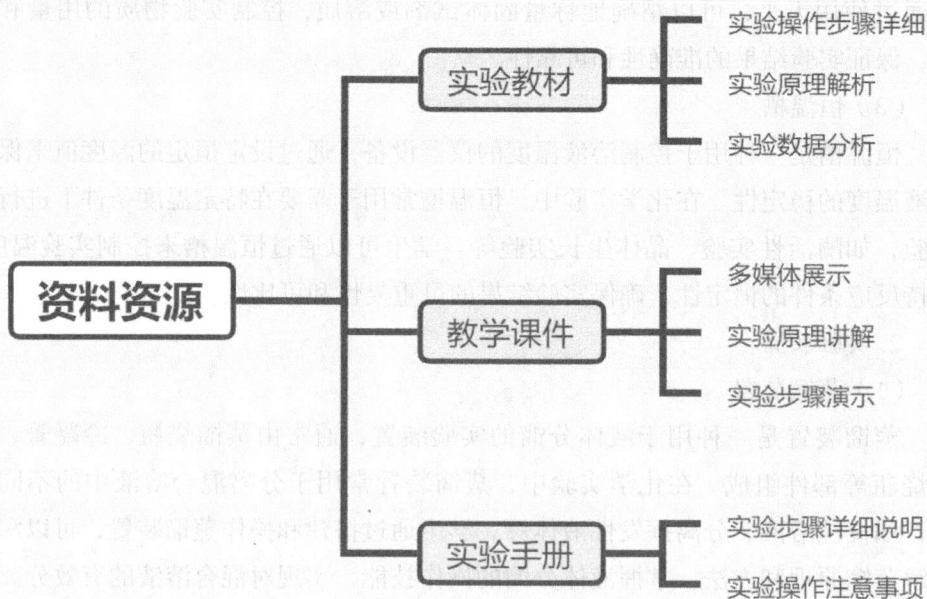

图 3-9　资料资源架构图

1. 实验教材

（1）实验操作步骤详细

优质的实验教材通常会提供实验操作的详细步骤，包括所需材料、操作流程、注意事项等内容。这些步骤会针对每个实验进行逐步说明，确保学生能够准确地按照实验要求进行操作。例如，对于酸碱中和实验，实验教材可能会详细说明酸碱溶液的配制方法、滴定操作的步骤以及终点指示剂的选择和使用方法等。

（2）实验原理解析

实验教材不仅提供实验操作的步骤，还会解析实验的原理和机制，帮助学生理解实验背后的科学原理。通过对实验原理的解析，学生可以深入理解实验的意义和目的，从而提高对实验内容的理解和把握。例如，对于电解质溶液的电导率实验，实验教材可能会介绍电解质的导电机制和电导率与浓度的关系等理论知识。

（3）实验数据分析

实验教材通常会提供实验数据的处理和分析方法，帮助学生对实验结果进行评估和解读。通过实验数据的分析，学生可以掌握实验结果的含义和实验过程中可能存在的误差，提高对实验数据的解读和分析能力。例如，对于溶液浓度测定实验，实验教材会介绍常用的浓度计算方法和数据处理技巧，指导学生正确处理实验数据并得出结论。

2. 教学课件

（1）多媒体展示

教学课件通常以多媒体形式呈现，包括文字、图片、图表、动画、视频等内容。通过多媒体展示，教学课件可以直观地展示实验过程和实验现象，帮助学生更好地理解实验内容和原理。例如，在酸碱滴定实验的教学课件中，可以通过动画演示实验操作步骤和 pH 值变化过程，增强学生对实验过程的理解和记忆。

（2）实验原理讲解

教学课件通常会对实验的原理和理论进行详细讲解，帮助学生深入理解实验背后的科学原理。通过实验原理的讲解，学生可以更好地把握实验的目的和意义，从而提高对实验内容的理解和掌握。例如，在化学反应速率实验的教学课件中，可以通过图表和文字说明反应速率与反应物浓度、温度等因素的关系，帮助学生理解实验设计的目的和方法。

（3）实验步骤演示

教学课件还可以通过实验步骤的演示，展示实验操作的具体过程和操作技巧，帮助学生正确进行实验操作。通过实验步骤的演示，学生可以模仿教学课件中的操作步骤，提高实验操作的准确性和熟练度。例如，在溶液配制实验的教学课件中，可以通过视频演示配制溶液的操作步骤和注意事项，引导学生正确进行实验操作并避免操作错误。

3. 实验手册

（1）实验步骤详细说明

实验手册通常会提供每个实验的详细步骤说明，包括所需材料、操作流程、实验条件等内容。这些步骤说明会逐步指导学生进行实验操作，确保实验操作的顺利进行和实验结果的准确获取。例如，在化学沉淀反应实验的实验手册中，会详细说明沉淀反应的操作步骤、沉淀产物的收集方法等。

（2）实验操作注意事项

实验手册还会列举实验操作中需要注意的事项和安全注意事项，帮助学生避免实验中可能出现的问题和危险情况。通过实验操作注意事项的提醒，学生可以提高实验操作的安全性和稳定性，保障实验过程的顺利进行。例如，在化学实验常用的实验手册中，会强调实验操作时需佩戴个人防护装备、注意化学品的存放和处理等安全要求。

（3）实验结果记录与分析

实验手册通常会要求学生记录实验过程和实验结果，并进行相应的数据分析和结论总结。通过实验结果记录与分析，学生可以全面了解实验过程和实验结果，掌握实验数据的处理方法和分析技巧，培养科学实验的思维能力和实验报告的撰写能力。例如，在化学实验报告的实验手册中，会要求学生记录实验操作过程中的关键步骤和实验结果，分析实验数据并得出科学结论。

（四）信息资源

信息资源在化学实验教学中扮演着至关重要的角色，通过提供实验报告、实验数据和实验指导等多方面的支持，为学生的实验学习提供了全面的帮助和指导。下面将继续介绍信息资源在化学实验教学中的重要性和作用（如图 3-10）。

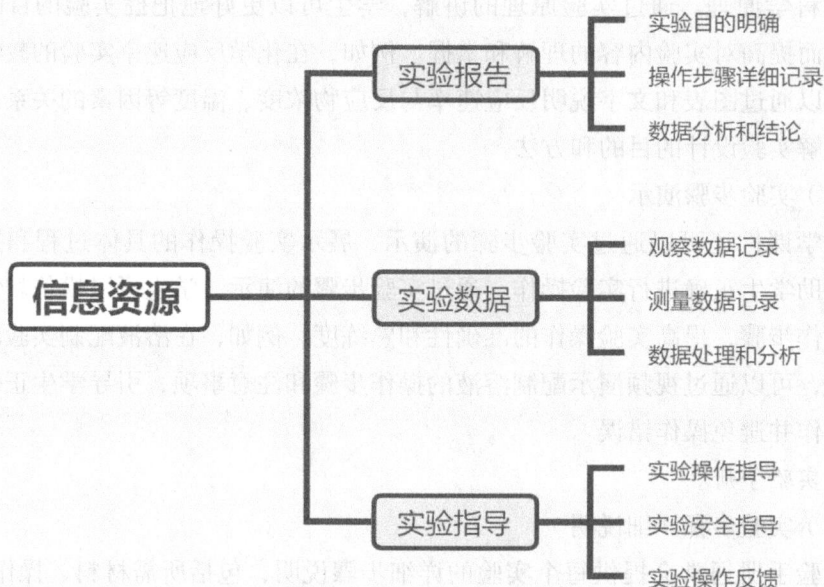

图 3-10　信息资源架构图

1.实验报告

（1）实验目的明确

实验报告应当清晰地阐述实验的目的和意义，指导学生了解实验的目标和预期结果。通过明确的实验目的，学生可以更好地理解实验的背景和重要性，为后续的实验操作和数据分析提供指导。例如，对于酸碱滴定实验，实验报告中的实验目的可以是确定未知溶液的浓度，从而帮助学生理解实验操作的意义和目的。

（2）操作步骤详细记录

实验报告应当详细记录实验操作的步骤和过程，包括所用试剂、操作流程、仪器设备等内容。通过详细的操作步骤记录，学生可以了解实验的具体操作方法和步骤，从而更好地理解实验的实施过程。例如，实验报告中可以详细描述酸碱滴定实验的滴定操作步骤、溶液配制方法以及终点指示剂的选择和使用方法。

（3）数据分析和结论

实验报告应当对实验结果进行数据分析和结论总结，包括数据处理、结果分析和科学结论等内容。通过数据分析和结论总结，学生可以了解实验结果的科学意义和实验过程中可能存在的误差和不确定性。例如，对于酸碱滴定实验，实验报告中可以通过计算实验数据，得出未知溶液的浓度，并分析实验结果的可靠性和准确性。

2. 实验数据

（1）观察数据记录

实验数据中包括对实验过程中观察到的现象和变化进行记录，如颜色变化、气体产生等。观察数据记录的准确性和全面性对于实验结果的分析和结论具有重要意义。例如，在化学反应实验中，学生应当记录反应过程中产生的气泡数量、颜色变化等观察数据。

（2）测量数据记录

实验数据还包括对实验过程中测量到的数据进行记录，如体积测量、质量测量等。测量数据记录的准确性和精确度对于实验结果的可靠性和科学性具有重要影响。例如，在化学溶液配制实验中，学生应当记录配制溶液所用的溶质质量、溶液体积等测量数据。

（3）数据处理和分析

实验数据需要进行适当的处理和分析，以得出科学结论和实验结果。数据处理和分析包括数据计算、统计分析、图表绘制等内容，能够帮助学生对实验结果进行科学评价和结论总结。例如，在化学反应速率实验中，学生可以通过绘制反应速率与反应物浓度的关系图表，分析反应速率与浓度的相关性。

3. 实验指导

（1）实验操作指导

教师在实验教学中需要对学生进行实验操作的指导和支持，包括操作方法、操作技巧等方面的指导。实验操作指导的质量和有效性直接影响到学生的实验操作能力和实验结果的准确性。例如，在化学实验课上，教师应当对学生进行实验操作步骤的详细解释和演示，指导学生正确进行实验操作。

（2）实验安全指导

教师在实验教学中还需要对学生进行实验安全方面的指导和教育，包括化学品的安全使用、实验操作的注意事项等内容。实验安全指导的重要性不言而喻，可以有效保障学生的人身安全和实验室的安全稳定。例如，在化学实验课上，教师应当向学生介绍常见化学品的性质和危险性，教育学生正确使用个人防护装备。

（3）实验操作反馈

教师在实验教学过程中需要对学生的实验操作进行及时有效地反馈和指导，帮助学生及时纠正错误，提高实验操作的准确性和效率。实验操作反馈可以通过实时指导、实验操作过程中的观察和评价、实验报告的批阅等形式进行。通过实验操作反馈，教师可以了解学生的实验操作水平和实验能力，为他们提供针对性地指导和支持。例如，在化学实验课上，教师可以对学生的实验操作进行实时观察和评价，及时指出实验中存在的问题和改进的方向，帮助学生不断提高实验技能和素质水平。

第二节　实验教学资源在高中化学教学中的作用和意义

一、实验教学资源促进学生实践能力的培养

通过提供详细的实验操作指南，包括实验教材的编写与优化、实验手册的设计与编写以及教学课件的设计与使用，可以有效地促进学生的实践能力培养（见图 3-11）。

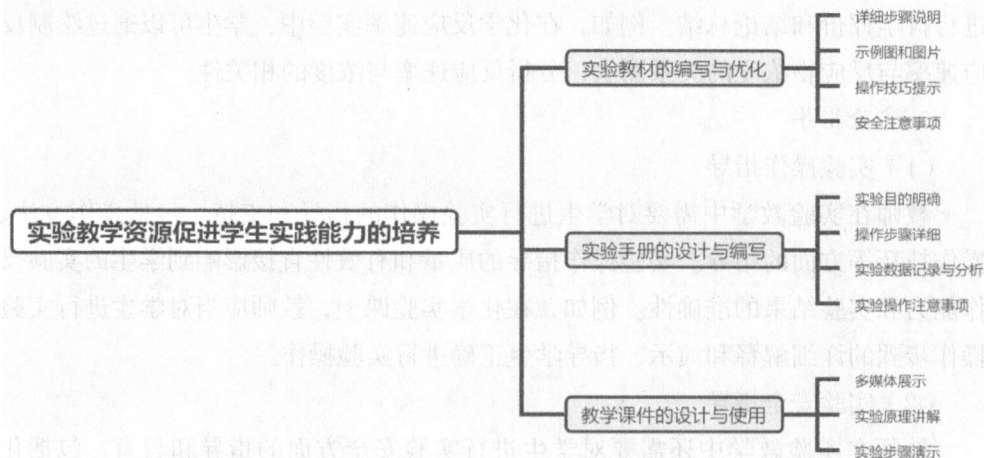

图 3-11　实验教学资源促进学生实践能力的培养架构图

（一）实验教材的编写与优化

实验教材的编写与优化在促进学生实践能力培养方面至关重要。下面将详细讨论在编写实验教材时需要考虑的几个方面。

1.详细步骤说明

实验教材应提供详细的操作步骤，以确保学生能够准确地进行实验。这些步骤应该包括所需材料的准备、操作流程的详细描述以及仪器设备的使用方法。例如，在酸碱滴定实验中，教材可以详细说明稀释溶液的配制方法、滴定操作的步骤以及重点指示剂的选择和使用方法。

此外，为了确保学生能够清晰理解每个操作细节，教材还应该提供实验步骤的逐步说明，避免学生在实验操作中出现疑惑和错误。

2.示意图和图片

除了文字描述外，实验教材还应提供示意图和实际操作图片，以帮助学生更直观地理解实验操作步骤。示意图可以清晰地展示实验装置的搭建方法，而实际操作图片则可以展示学生在实验中的具体操作动作。

通过提供示意图和实际操作图片，学生可以更加直观地理解实验过程，增强他们的实践操作能力。例如，在化学沉淀反应实验中，示意图可以展示沉淀产物的生成过程，而实际操作图片可以展示学生如何进行沉淀物的过滤和收集。

3.操作技巧提示

实验教材还应该提供一些操作技巧的提示，以帮助学生在实验操作中更加灵活和高效。这些技巧提示可以涉及实验操作中常见的问题和解决方法，帮助学生在实验操作中顺利渡过难关。

例如，在需要调节仪器参数的实验中，教材可以给出一些调节方法和注意事项，帮助学生正确进行实验操作。这些技巧提示可以提高学生的实验操作技能，增强他们的实践能力。

4.安全注意事项

实验教材中必须包含实验操作的安全注意事项，以提醒学生在实验过程中应注意的安全问题和预防措施。这些安全注意事项应该涵盖化学品的安全使用、实验装置的正确操作、个人防护措施等方面。

通过提供安全注意事项，教材可以帮助学生充分认识到实验操作中的安全风险，并采取相应的预防措施，保障实验操作的安全稳定进行。例如，在进行酸碱中和实验时，教材可以提醒学生避免溶液溅入皮肤或眼睛中，以免造成伤害。

（二）实验手册的设计与编写

除了实验教材，实验手册也是学生进行实验操作的重要参考资料。因此，实验手册的设计与编写同样需要重视学生实践能力的培养。

1. 实验目的明确

（1）引导学生理解实验意义

实验手册中的每个实验应该明确阐述实验的目的和意义，指导学生了解为何进行该实验以及该实验的实际应用价值。通过清晰的目的陈述，可以激发学生的学习兴趣，增强他们对实验的主动性和参与度。例如，在介绍酸碱中和实验时，实验手册可以说明实验的目的是让学生了解酸碱中和反应的原理，并掌握其在日常生活和工业生产中的应用。

（2）引发学生探索欲望

除了明确实验的目的，实验手册还应该突出实验的挑战性和探索性，激发学生的探索欲望。通过介绍一些实验中的未知因素或可能出现的变化，可以引导学生思考并预测实验结果，从而增强他们的实验探究动力。例如，在介绍金属活动性实验时，可以引导学生探讨不同金属与酸反应的结果差异，让他们对实验结果产生好奇心并主动进行探究。

2. 操作步骤详细

（1）清晰明了地操作指导

实验手册中的操作步骤应该清晰明了，以指导学生正确进行实验操作。每个步骤都应该详细描述实验操作的具体内容，包括所需试剂、仪器设备、操作方法等。这样可以避免学生在操作过程中出现疑惑和错误，确保实验能够顺利进行。例如，在介绍酸碱中和实验时，实验手册可以详细说明每种试剂的配制方法和操作步骤，以及酸碱指示剂的选择和使用方法。

（2）操作细节的特别说明

除了一般性的操作步骤外，实验手册还应特别说明一些操作细节，以便学生在实验过程中注意。这些细节可能涉及特殊的操作技巧、注意事项或可能出现的异常情况处理方法。例如，在介绍溶液配制实验时，实验手册可以提醒学生在操作过程中注意溶质的溶解度和配制浓度的准确性，以及如何处理因溶质不溶或超饱和等情况。

3. 实验数据记录与分析

（1）数据记录要求清晰明了

实验手册应该明确要求学生记录实验过程中产生的数据和观察结果，并提供相应的记录表格或格式。这些数据记录应该包括实验所使用的试剂名称与量，实验操作的步骤和观察结果等内容。清晰的数据记录有助于学生对实验过程进行追溯和总结，并为后续的数据分析提供必要的依据。

（2）数据分析要求适度挑战

在实验手册中，对于数据的分析应该适度挑战学生的思维能力，鼓励他们对实验结果进行深入思考和分析。可以通过要求学生对实验数据进行图表展示、数据对比或趋势分析等方式来实现。

（3）结果分析与结论总结

实验手册应引导学生对实验结果进行分析，并总结出结论。在分析部分，学生可以根据实验数据的变化趋势、对比结果等进行深入分析，探讨实验现象背后的化学原理。同时，学生也应该就实验结果是否符合预期、实验操作中的误差来源等进行思考和讨论。在结论部分，学生应该简明扼要地总结出实验的主要结果，并对实验过程中的关键问题进行回答和解释。这有助于培养学生的实验数据处理能力和科学思维能力，提高他们对实验结果的理解和评价能力。

4. 实验操作注意事项

（1）安全注意事项

实验手册应当特别强调实验操作中的安全注意事项，确保学生在实验过程中能够遵守安全规范，保障自身和他人的安全。这包括采取化学试剂时要注意防护措施、避免化学品的直接接触、正确使用实验器材等。例如，在实验手册中可以强调在操作酸碱中和实验时要戴上护目镜、穿着实验外套，并注意溶液溅溢的风险。

（2）操作技巧指导

实验手册应当提供一些实验操作的技巧指导，帮助学生更加熟练地进行实验操作，并提高实验操作的效率和准确性。这可以包括一些常见实验器材的使用技巧、试剂的正确配制方法、实验过程中的操作技巧等。例如，在实验手册中可以介绍如何正确使用移液器进行试剂的吸取和移液，以及如何避免移液过程中的气泡和滴液。

（三）教学课件的设计与使用

教学课件在化学实验教学中也起着重要的作用，因此在设计和使用教学课件时，需要注意以下几个方面。

1. 多媒体展示

（1）文字与图片结合

教学课件中的文字应简洁明了，配合合适的图片或图表，以增强学生对实验内容的理解。文字可以解释实验步骤、原理和结论，而图片或图表则可以直观地展示实验装置、实验过程中的变化，从而帮助学生更好地理解和记忆。

（2）动画与视频演示

通过动画和视频的方式展示实验过程和实验现象，可以生动形象地展示化学反应、分子结构和实验操作技巧。这种形式能够激发学生的学习兴趣，增强他们对实验内容的理解和记忆，提高教学效果。

2. 实验原理讲解

（1）深入浅出地解说

教学课件应该以简明易懂的语言对实验的原理和理论进行讲解，避免使用过于复杂的术语和公式。通过生动的例子和比喻，帮助学生理解化学原理，并将其与实验操作相联系，使学生能够将理论知识应用到实践中。

（2）实例分析与案例展示

为了更好地让学生理解实验原理，可以通过实例分析和案例展示的方式，将抽象的理论知识与具体的实验现象联系起来。这有助于激发学生的思维，加深他们对化学原理的理解，提高学习效果。

3. 实验步骤演示

（1）清晰明了的操作步骤

教学课件中的实验步骤应该清晰明了，具体到每一个操作细节，以确保学生能够正确理解和掌握实验操作过程。步骤演示可以通过文字说明、图片展示和视频演示等形式进行，使学生能够全面了解实验操作的每一个环节。

（2）操作技巧的强调

除了展示实验步骤，教学课件还应该强调实验操作中的一些技巧和注意事项，如如何正确使用实验器材、避免实验中的常见错误等。这有助于提高学生的实验操作技能和实验准确性，培养他们的实验能力。

二、拓展化学教学的途径和方法

在拓展化学教学的途径和方法方面，采用多样化教学资源、创新实验设计、个性化学习和综合能力培养等策略，能够更好地满足学生的学习需求，促进其全面发展。通过这些方法的应用，可以有效提高化学教学的质量和效果，培养学生的实践能力和综合素养（见图3-12）。

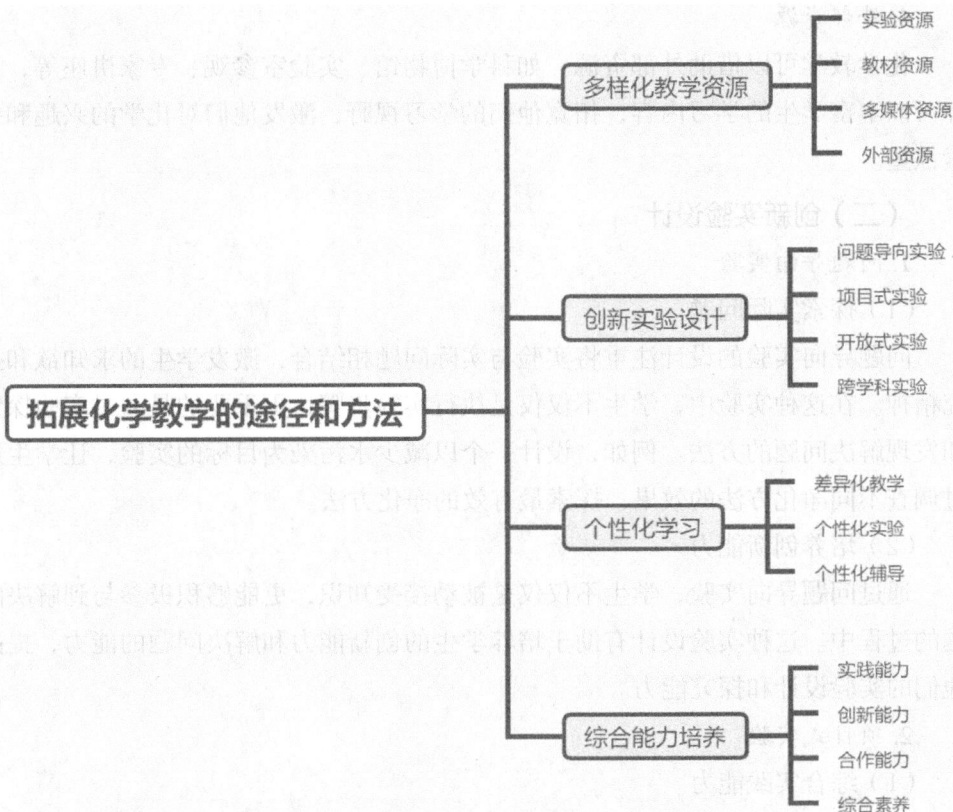

图 3-12　拓展化学教学的途径和方法架构图

（一）多样化教学资源

1. 实验资源

化学教学可以利用各种实验资源，包括传统的实验、虚拟实验软件、实验视频等。通过多样化的实验资源，教师可以设计不同形式的实验活动，满足学生的不同学习需求，提高他们的实验技能和理解能力。

2. 教材资源

各种类型的教材资源可以为化学教学提供丰富的教学内容和形式。传统教科书、电子教材、网络资源等不同形式的教材资源都可以为教师提供多样化的教学内容，帮助学生更好地理解化学知识。

3. 多媒体资源

利用多媒体资源如图片、视频、动画等可以生动直观地展示化学现象和实验过程，激发学生的学习兴趣，增强他们的学习体验。

4.外部资源

化学教学可以借助外部资源，如科学博物馆、实验室参观、专家讲座等，这样可以丰富学生的学习内容，拓宽他们的学习视野，激发他们对化学的兴趣和探索欲望。

（二）创新实验设计

1.问题导向实验

（1）探索实际问题

问题导向实验的设计注重将实验与实际问题相结合，激发学生的求知欲和探究精神。在这种实验中，学生不仅仅是执行实验步骤，更重要的是通过实验探索和发现解决问题的方法。例如，设计一个以减少水污染为目标的实验，让学生通过调查不同净化方法的效果，探索最有效的净化方法。

（2）培养创新能力

通过问题导向实验，学生不仅仅是被动接受知识，更能够积极参与到解决问题的过程中。这种实验设计有助于培养学生的创新能力和解决问题的能力，提高他们的实验设计和探究能力。

2.项目式实验

（1）综合实践能力

项目式实验将一系列相关的实验组织成项目，要求学生在实验过程中逐步掌握知识和技能，培养他们的综合实践能力和团队合作精神。例如，设计一个关于酶活性影响因素的项目，学生需要设计实验方案、进行实验操作、分析实验数据，并最终完成报告。

（2）培养团队合作

在项目式实验中，学生需要合作完成一系列实验任务，这有助于培养他们的团队合作意识和沟通能力。通过与同学合作，学生可以相互交流、讨论，并共同解决实验中遇到的问题，从而提高团队合作的能力。

3.开放式实验

（1）学生自主选择

开放式实验提供给学生一定的实验自主选择权，让他们根据自己的兴趣和能力选择适合的实验项目进行学习。这种实验设计激发了学生的学习动力和自主性，让他们更加主动地参与到实验过程中。

（2）激发学习动力

通过让学生参与到实验项目的选择和设计中，开放式实验能够更好地满足学生个性化的学习需求，激发他们的学习兴趣和探索欲望。学生在自主选择实验项目的过程中，会更加主动地学习和探究，从而提高实验教学的效果。

4.跨学科实验

（1）综合学科素养

跨学科实验将化学与其他学科如物理、生物、地理等进行整合，设计跨学科实验项目，培养学生的综合学科素养和跨学科思维能力。这种实验设计有助于拓宽学生的学科视野，促进不同学科之间的交叉融合和综合应用。

（2）培养综合能力

通过参与跨学科实验，学生不仅可以加深对化学知识的理解，还可以结合其他学科的知识，从而更好地解决复杂的实际问题。这有助于培养学生的综合能力和综合应用能力，提高他们的综合素质和创新能力。

（三）个性化学习

1.差异化教学

（1）学习水平的差异化

根据学生的学习水平差异，教师可以采用不同难度和深度的教学内容和教学方法。对于学习能力较强的学生，可以提供更深入的拓展内容或更复杂的问题，以挑战其学习能力；而对于学习能力较弱的学生，则可以采用更加简化和具体化的教学方式，以帮助他们建立起扎实的基础。

（2）兴趣和学习风格的差异化

针对学生的兴趣爱好和学习风格的不同，教师可以选择不同形式的教学内容和活动。例如，对于喜欢实践探究的学生，可以设计更多的实验活动；对于喜欢阅读的学生，则可以提供更多的阅读材料和书面作业。通过满足学生的个性化学习需求，可以激发他们的学习兴趣和积极性。

2.个性化实验

（1）实验选项的多样性

提供多样化的实验选项和实验项目，让学生根据自身的兴趣和需求选择适合自己的实验项目进行学习。这种个性化的实验设计可以激发学生的学习兴趣，增强他们的学习动力和自主性。同时，通过参与感兴趣的实验项目，学生更容易投入到学习中，并且能够更好地理解和掌握实验内容。

（2）实验项目的个性化设计

针对不同学生的兴趣和特长，可以设计个性化的实验项目。例如，对于对生物医学感兴趣的学生，可以设计与生物医学相关的化学实验；对于对环境保护感兴趣的学生，可以设计与环境保护相关的化学实验。这样的个性化实验设计不仅能够满足学生的学习需求，还可以培养他们的兴趣爱好和专业素养。

3. 个性化辅导

（1）针对性地辅导方式

教师可以根据学生的学习情况和需求，采用针对性地辅导方式进行指导。对于学习困难的学生，可以提供更多的辅导和帮助，帮助他们克服学习障碍；对于学习能力较强的学生，则可以提供更多的拓展资源和挑战性作业，以激发其学习潜力。

（2）学习目标的个性化设定

根据学生的学习情况和学习目标，教师可以为他们制定个性化的学习计划和目标。这些目标可以是针对学科知识的掌握程度，也可以是针对学习方法和学习习惯的改进。通过个性化的学习目标设定，可以更好地引导学生的学习方向，提高他们的学习效率和学习成绩。

（四）综合能力培养

1. 实践能力

（1）实验操作能力的培养

通过设计多样化、具有挑战性的实验活动，学生可以在实践中逐步提升实验操作的熟练度和技能水平。从简单的实验操作到复杂的实验设计，学生将逐渐掌握实验方法、仪器操作和实验技巧，培养出良好的实验操作能力。

（2）实验设计能力的提升

在实验教学中，鼓励学生参与实验设计的过程，从确定实验目的、设计实验方案到分析实验结果，培养学生的实验设计能力。通过自主设计实验，学生能够培养创造性思维和问题解决能力，提高其对化学实验的理解和掌握程度。

（3）实验分析能力的加强

学生在进行实验过程中，需要对实验结果进行数据记录、分析和解释。通过实验数据的收集、整理和分析，学生可以培养出扎实的实验分析能力，学会从数据中提取有价值的信息，并得出科学的结论，加深对实验结果的理解。

2. 创新能力

（1）创新型实验设计的鼓励

教师可以设计创新型的实验项目，鼓励学生通过实验探索和发现新的化学现象或解决实际问题。这种实验设计能够激发学生的创新意识和探究精神，培养他们的科学思维和创造力。

（2）问题导向实验的引导

设计以解决实际问题为导向的实验，让学生通过实验探索和发现解决问题的方法，培养他们的问题解决能力和创新能力。这种实验设计能够培养学生的实践能力和动手能力，提高他们的综合素质和学习能力。

3.合作能力

（1）项目式实验的开展

将一系列相关的实验组织成项目，让学生在实验过程中逐步掌握知识和技能，培养他们的团队合作能力和沟通协作能力。通过团队合作实验，学生能够学会有效地与他人合作，分工合作、互相支持，共同完成实验任务，提高团队协作和交流能力。

（2）跨学科实验的推广

设计跨学科实验项目，将化学与其他学科如物理、生物、地理等进行整合，培养学生的跨学科思维能力和综合素养。跨学科实验不仅可以促进学科之间的交叉融合，还可以培养学生的综合能力和创新能力，提高其全面发展的科学素养。

4.综合素养

（1）科学素养的培养

通过实践活动和创新实验设计，学生能够全面了解科学知识，掌握科学方法，培养科学思维和科学精神，提高其科学素养和科学修养水平。

（2）综合能力的提升

通过实践、创新和合作等活动的综合训练，学生能够全面提升实践能力、创新能力、合作能力和综合素养，使其具备更强的综合能力和竞争力，为未来的学习和工作奠定良好的基础。

三、促进教学效果的提升

通过增强学生的直观感受、激发学习兴趣、提升学习效率和促进综合评价等方式，可以有效地提升化学教学的效果和质量。这些方法不仅可以增强学生对化学知识的理解和记忆，还能够激发他们的学习兴趣和主动性，提高他们的学习效率和学习成效（见图3-13）。

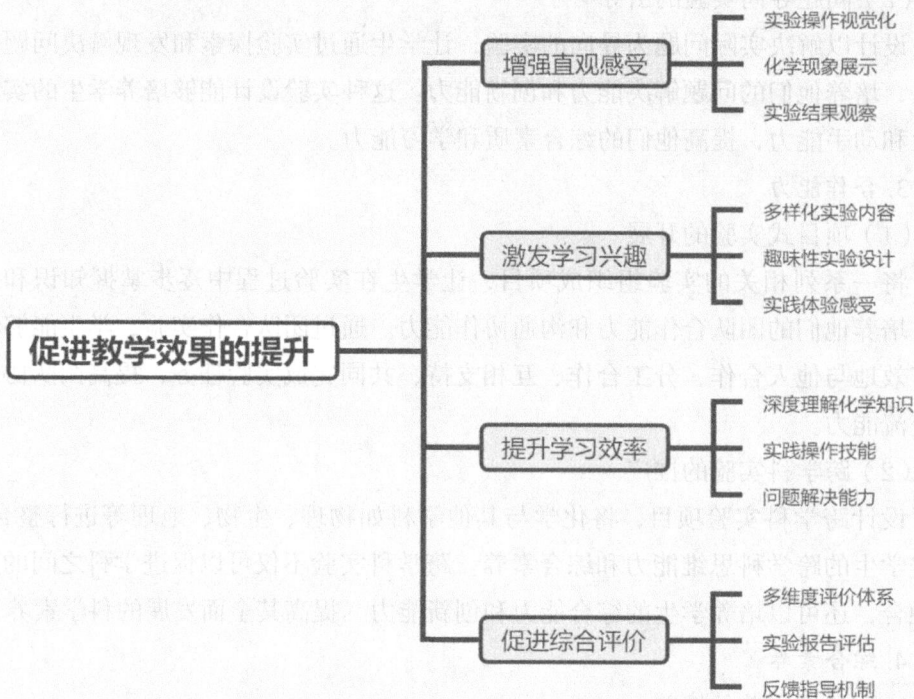

图 3-13　促进教学效果的提升架构图

（一）增强直观感受

1. 实验操作视觉化

（1）实验操作的具体展示

在实验教学中，通过使用实验视频、模拟软件或实验演示等多媒体形式，直观展示化学实验的操作过程。学生可以观察到实验器材的使用方法、化学试剂的添加过程以及实验反应的进行情况，从而深入理解实验操作的步骤和技巧。

（2）操作技巧的演示

针对不同的实验操作环节，通过视频或动画展示实验操作的关键步骤和技巧。例如，演示如何正确使用玻璃仪器进行液体倒置、如何操作分液漏斗进行液体分离等，帮助学生掌握实验操作的正确方法，减少实验中的错误和失误。

2. 化学现象展示

（1）多媒体资源的应用

利用多媒体资源如图片、动画、实验视频等形式展示各种化学现象和反应过程。通过视觉化的展示，学生可以清晰地观察到化学物质的变化和实验现象的发生，增强对化学知识的直观感受。

（2）实验现象的详细说明

在展示化学实验过程中，配以文字说明化学反应的发生机制、反应条件以及实验结果的预期。这样可以帮助学生更深入地理解化学现象背后的原理和规律，提高对化学知识的理解和记忆。

3.实验结果观察

（1）实验过程的实时监测

通过实验视频或实时数据采集系统，学生可以实时观察实验过程中产生的化学变化和实验结果的变化。这种实时监测可以帮助学生及时发现实验中的变化和异常，加深对化学反应过程的理解和掌握。

（2）数据记录与结果分析

鼓励学生在实验过程中积极记录实验数据，并对实验结果进行分析和解释。通过实验结果的观察和分析，学生可以直接感受到化学反应的发生及其结果，加深对化学现象和原理的理解，提高学习的直观感受度。

（二）激发学习兴趣

1.多样化实验内容

（1）化学领域覆盖广泛

提供涵盖不同化学领域的实验内容，如有机化学、无机化学、物理化学等，以满足学生对不同化学领域的兴趣和好奇心。通过多样化的实验内容，可以激发学生对不同化学知识的学习兴趣，拓宽他们的化学视野。

（2）实验主题多样性

设计涉及不同主题和实验目的的实验项目，包括酸碱中和、氧化还原、配位化学等多个实验主题。这样的多样性可以让学生在实验中探索不同的化学现象和反应类型，激发他们对化学学习的兴趣。

2.趣味性实验设计

（1）创意实验设计

设计具有趣味性和创新性的实验项目，如色彩变化实验、奇妙气体实验等，通过有趣的化学现象吸引学生的注意力。这样的实验设计能够增加学生对化学实验的兴趣和好奇心，促进他们积极参与实验活动。

（2）游戏化学习体验

将化学知识融入游戏化的学习环境中，设计化学游戏、竞赛等活动，让学生在轻松愉快的氛围中学习化学知识。这样的趣味化学学习方式可以提高学生的学习积极性和主动性，使他们更加愿意投入到化学学习中。

3. 实践体验感受

（1）实验操作的亲身体验

通过实验操作和实践活动，让学生亲身感受化学知识的应用和实际效果。例如，让学生自行操作实验装置、观察实验现象等，从而增强对化学学科的认同感和学习兴趣，培养他们对化学实验的热情和好奇心。

（2）实际应用案例的展示

引导学生了解化学知识在现实生活中的应用案例，如药物合成、环境保护等。通过展示化学知识的实际应用，可以激发学生对化学学科的兴趣，增强他们对化学学习的主动性和积极性。

（三）提升学习效率

1. 深度理解化学知识

（1）实验现象与理论联系

通过实验教学资源展示的化学实验现象与理论知识相结合，帮助学生深入理解化学原理和概念。例如，通过实验观察酸碱中和反应的现象，引导学生理解酸碱中和的化学原理和反应机制，从而加深对化学知识的理解。

（2）拓宽学习视野

实验教学资源可以提供丰富的实验案例和相关知识，帮助学生拓宽学习视野，深入了解化学领域的前沿科研和应用技术。通过学习实验案例，学生可以了解到化学知识在不同领域的应用和发展趋势，从而提高他们的学习兴趣和学习深度。

2. 实践操作技能

（1）实验操作规范性

通过实验教学资源提供的实验操作指导和范例，学生可以掌握化学实验的基本操作技能和规范操作流程。这样的规范操作能力不仅提高了实验操作的准确性，还能提高学生的实验操作效率，为他们将来的学习和科研工作打下坚实基础。

（2）实验设计与优化

学生通过实验教学资源参与实验设计和优化过程，培养了他们的实验设计能力和创新意识。通过自主设计实验方案、选择实验条件和调整实验参数，学生能够更好地理解化学实验的原理和方法，提高了实验操作的熟练度和效率。

3. 问题解决能力

（1）实验数据分析与解释

学生通过实验教学资源收集实验数据并进行分析，培养了他们的数据处理能力和问题解决能力。通过对实验数据的统计、分析和解释，学生能够深入理解实验结果背后的化学原理和规律，提高了学习效率和学习成效。

（2）实验过程探究

实验教学资源提供了丰富的实验案例和问题情境，引导学生进行实验过程探究和问题解决。学生通过自主探索和解决实验中遇到的问题，提高了他们的分析思维和解决问题的能力，从而增强了学习效率和学习能力。

（四）促进综合评价

1. 多维度评价体系

（1）实验操作技能评价

实验教学资源为教师提供了多种评价实验操作技能的方法。教师可以通过观察学生在实验过程中的操作是否规范、准确，以及他们处理实验器材和试剂的熟练程度等方面来评价其实验操作技能水平。此外，教师还可以结合实验结果的质量来评价学生的实验操作技能，以此全面了解学生的实验能力。

（2）数据处理能力评价

实验教学资源还为评价学生数据处理能力提供了丰富的依据。教师可以根据学生对实验数据的收集、整理、分析和解释情况来评价其数据处理能力。例如，学生是否能准确记录实验数据、运用适当的统计方法进行数据分析，并能否从数据中得出正确的结论等方面进行评价。

（3）实验设计能力评价

通过实验教学资源提供的实验设计案例和自主设计实验项目，教师可以评价学生的实验设计能力。教师可以根据学生的实验方案设计是否合理、操作步骤是否清晰、实验参数是否合适等方面来评价其实验设计能力。此外，教师还可以考查学生是否能根据实验结果调整实验方案，进一步评价其实验设计能力。

2. 实验报告评估

（1）实验过程记录评价

学生通过书写实验报告展示了对实验过程的记录和总结反思，教师可以通过对实验报告的评价来了解学生的实验过程记录能力。评价重点可以包括实验过程的描述是否清晰、实验数据的记录是否完整、实验操作的准确性等方面，从而全面评价学生的实验过程记录能力。

（2）结果分析与结论评价

实验报告还反映了学生对实验结果的分析和理解能力。教师可以通过评价学生对实验数据的分析是否深入、结论是否准确、对实验结果的解释是否合理等方面来评价学生的结果分析与结论能力。此外，教师还可以考查学生是否能从实验结果中发现问题并提出改进意见，进一步评价其综合分析能力。

3.反馈指导机制

（1）及时反馈

教师可以根据对学生实验表现的评价和反馈，及时向学生提供个性化的指导和建议。通过对学生实验操作技能、数据处理能力和实验设计能力等方面的反馈，帮助学生认识到自身的不足之处，并指导他们如何改进和提高。

（2）学习进步指导

教师可以根据学生的实验表现和实验报告评价结果，为学生提供具体的学习进步指导。教师可以针对学生的不同需求和能力水平，制定个性化的学习计划和指导方案，帮助学生解决学习中遇到的问题，促进其学习进步和素质提升。

第四章　高中化学实验教学资源的设计原则

第一节　设计原则的理论基础

一、实验教学理论支撑

（一）教育学理论

1. 行为主义理论

（1）理论概述与历史演变

行为主义理论将学习视为对外界刺激的反应过程，强调学习行为的塑造和强化。这一理论的发展可追溯至 20 世纪早期，由于对心理学研究的方法论转变，行为主义在学习理论领域迅速崛起。

（2）在教育实践中的应用

行为主义理论在实验教学中有着显著的指导作用。首先，它强调了明确的学习目标和实验步骤的设计，有利于教师在教学中有条不紊地引导学生。其次，通过奖励和惩罚的机制，可以塑造学生的学习行为，使其更加积极参与实验活动。例如，通过奖励表现良好的学生或惩罚不良的学生，可以建立起一种积极的学习氛围，促进学生对化学知识的掌握和理解。

（3）实验教学设计实例

为了充分应用行为主义理论指导实验教学，教师可以设计明确的实验目标和奖惩机制，并将其融入实验教学中。例如，在进行化学实验时，教师可以事先向学生说明实验的目的和预期的结果，然后根据学生的表现给予奖励或惩罚。这样一来，学生在实验过程中会更加专注和努力，从而更好地掌握化学知识。

（4）行为主义理论的批评与发展

尽管行为主义理论在一定程度上对实验教学提供了指导，但也受到了一些批评。其中，最主要的批评之一是忽视了学生的内在心理过程。随着认知心理学的兴起，人们开始更加关注学生的思维过程和认知机制，行为主义理论逐渐受到挑战。因此，在实验教学中，需要综合考虑不同理论的观点，设计更加全面和有效的教学方法。

2. 构建主义理论

（1）理论概述与历史演变

构建主义理论强调学生的自主构建知识过程，认为学习是一个主体积极参与的过程。该理论的起源可以追溯到皮亚杰等学者的研究，他们认为人类通过与环境的互动来建构自己的认知结构。

（2）在教育实践中的应用

构建主义理论要求教师为学生提供探索和发现的机会，激发其学习兴趣和动机。在实验教学中，教师可以通过设计开放式的实验活动来实现这一目标。例如，让学生根据自身的兴趣和探索方向进行实验设计和实验操作，从而促进其对化学知识的主动获取和构建。

（3）实验教学设计实例

为了有效应用构建主义理论指导实验教学，教师可以设计具有启发性和探索性的实验任务。例如，在进行化学实验时，教师可以提供一些开放性的问题，让学生根据自己的想法和理解去设计实验方案，并通过实验结果来验证自己的假设。这样一来，学生将更加深入地理解化学知识，并培养自主学习的能力。

（4）构建主义理论的批评与发展

尽管构建主义理论在强调学生自主学习方面有着重要的意义，但也存在一些批评。其中，最主要的批评之一是可能忽视了教师在学习过程中的重要作用。因此，一些学者提出了合作构建主义理论，强调教师和学生之间的合作与互动，共同建构知识。这一理论的出现为实验教学提供了新的思路和方法。

3. 建构主义理论

（1）理论概述与历史演变

建构主义理论更加强调学习者将外部信息与已有知识结构相整合和重建的过程。该理论的发展可以追溯到维果茨基等学者的研究，他们强调了社会文化环境对个体认知发展的重要影响。

（2）在教育实践中的应用

建构主义理论要求设计能够激发学生思维活跃、启发学生思考的实验内容和实验活动。

（3）实验教学设计实例

为了充分应用建构主义理论指导实验教学，教师可以设计具有挑战性和启发性的实验任务。例如，在进行化学实验时，教师可以引导学生通过提出问题、进行讨论、独立思考等方式，参与到实验设计和解释实验现象的过程中。通过这样的实践，学生将更加深入地理解和内化化学知识。

（4）建构主义理论的批评与发展

虽然建构主义理论在促进学生深层次理解和内化知识方面具有重要意义，但也受到一些批评。例如，一些学者指出，建构主义可能过分强调了社会文化环境对个体认知的影响，忽视了个体内部的心理过程。因此，一些新的理论和模型如社会认知理论、分布式认知理论等相继涌现，试图弥补建构主义的不足，为实验教学提供更加全面和有效的指导。

（二）认知心理学

1. 信息加工理论

（1）理论概述与历史演变

信息加工理论是认知心理学中的重要理论之一，强调学习者接受、加工和组织信息的过程。该理论的发展可以追溯到20世纪中叶，代表人物如米勒、布罗德本特等提出了信息加工的模型，将人类思维过程比作信息处理的过程，从而揭示了认知活动的内在机制。

（2）在教育实践中的应用

信息加工理论对实验教学的指导意义重大。了解学生接受和加工信息的过程，有助于教师设计更加清晰、简明的实验指导和实验说明。例如，在进行化学实验时，教师可以根据学生的认知特点和信息加工过程，设计具有逻辑性和连贯性的实验步骤，帮助学生更有效地理解和掌握实验内容。

（3）实验教学设计实例

为了应用信息加工理论指导实验教学，教师可以设计具有清晰结构和明确目标的实验活动。例如，在进行化学实验时，教师可以先向学生介绍实验的目的和基本原理，然后逐步引导学生进行实验操作，最后对实验结果进行分析和总结。通过这样的设计，可以帮助学生更加系统地加工和理解实验信息，从而提高实验教学的效果。

（4）信息加工理论的批评与发展

尽管信息加工理论在认知心理学领域有着重要地位，但也受到一些批评。其中，最主要的批评之一是忽视了情境和情感因素对信息加工的影响。随着认知心理学研究的深入，情感、动机等因素在信息加工过程中的作用日益受到重视，这为信息加工理论的发展提供了新的思路和方向。

2. 模式识别理论

（1）理论概述与历史演变

模式识别理论关注学习者如何从复杂的信息中提取关键特征，并将其组织成有意义的整体。该理论的发展可以追溯到 20 世纪中叶，代表人物如格式塔心理学派提出了整体性认知的观点，认为人类倾向于将信息组织成具有整体性和结构性的形式。

（2）在教育实践中的应用

模式识别理论为实验教学提供了重要的指导意义。在进行化学实验时，教师可以根据模式识别理论的原理，设计具有代表性和典型性的实验案例，让学生通过观察和分析实验现象，从中提取重要的化学特征，加深对化学知识的理解和记忆。

（3）实验教学设计实例

为了应用模式识别理论指导实验教学，教师可以设计具有典型性和代表性的实验活动。例如，在进行化学实验时，教师可以选择一些具有典型特征的实验现象，并引导学生通过观察和分析，提取出其中的关键特征。通过这样的设计，学生不仅能够理解和记忆化学知识，还能够培养自己的观察和分析能力。

（4）模式识别理论的批评与发展

虽然模式识别理论在认知心理学中有着重要的地位，但也受到一些批评。其中，最主要的批评之一是忽视了个体差异和文化因素对模式识别的影响。随着跨文化心理学的发展，人们开始关注不同文化背景下的认知差异，这为模式识别理论的发展提供了新的思路和方向。

（三）实验教学理论

1. 探究式学习理论

（1）理论概述与历史演变

探究式学习理论强调学生通过自主探究和发现来构建知识结构。该理论的起源可以追溯到 20 世纪的教育改革运动，代表人物如杜威等提倡学生通过实践活动来获取知识。随着科学技术的不断发展，探究式学习理论逐渐成为实验教学中的重要理论之一。

（2）在教育实践中的应用

探究式学习理论为实验教学提供了重要的指导意义。在进行化学实验时，教师可以设计具有探索性和发现性的实验任务和实验环境，激发学生的好奇心和求知欲。例如，教师可以提供一些开放性的实验问题，让学生根据自己的兴趣和探索方向进行实验设计和实验操作，从而促进其独立思考和解决问题的能力。

（3）实验教学设计实例

为了应用探究式学习理论指导实验教学，教师可以设计具有挑战性和启发性的实验任务。例如，在进行化学实验时，教师可以提出一个开放性的问题，如"探究不同浓度的盐水对植物生长的影响"，然后让学生自主设计实验方案并进行实验操作。通过这样的设计，学生将积极参与到实验探究的过程中，从而提高其独立思考和解决问题的能力。

（4）探究式学习理论的批评与发展

尽管探究式学习理论在实验教学中有着重要的应用价值，但也受到一些批评。其中，最主要的批评之一是可能忽视了教师的指导作用。在一些情况下，学生可能需要教师的引导和指导才能更好地进行探究活动。因此，探究式学习理论的发展需要更加注重教师和学生之间的合作与互动，共同推动实验教学的发展。

2.问题解决式学习理论

（1）理论概述与历史演变

问题解决式学习理论强调学生通过解决问题来获取知识和技能。该理论的起源可以追溯到20世纪的教育改革运动，代表人物如布鲁纳等提倡学生通过解决实际问题来学习。随着认知心理学的发展，问题解决式学习理论逐渐成为实验教学中的重要理论之一。

（2）在教育实践中的应用

问题解决式学习理论为实验教学提供了重要的指导意义。在进行化学实验时，教师可以设计具有挑战性和解决问题的实验任务，让学生在实验中遇到问题并寻求解决方案的过程中，积极参与和思考。例如，教师可以提出一个复杂的化学实验问题，让学生在实验过程中动手解决，从而提高其问题解决能力和创新能力。

（3）实验教学设计实例

为了应用问题解决式学习理论指导实验教学，教师可以设计具有挑战性和启发性的实验任务。例如，在进行化学实验时，教师可以提出一个真实的化学问题，如"如何制备一种高效的无毒清洁剂"，然后让学生根据自己的知识和实验技能来解决问题。通过这样的设计，学生将积极参与到实验探究的过程中，从而提高其问题解决能力和创新能力。

（4）问题解决式学习理论的批评与发展

尽管问题解决式学习理论在实验教学中有着重要的应用价值，但也受到一些批评。其中，最主要的批评之一是可能忽视了基础知识的重要性。在解决复杂问题之前，学生可能需要掌握一定的基础知识才能进行有效地解决。因此，问题解决式学习理论的发展需要更加注重基础知识和问题解决策略的结合，以提高实验教学的效果。

二、教育教学指导文件

（一）课程标准和教材要求

教育部颁布的课程标准和教材要求是指导高中化学教学的重要文件，其内容涵盖了学生应达到的学习目标、学科知识体系和学科能力等方面。

1. 学习目标和学科能力

课程标准和教材要求明确了学生在高中化学学习过程中应达到的学习目标和学科能力。这些目标和能力包括了基本的化学知识、实验技能、科学探究能力以及科学思维方式等。

2. 实验教学的要求

在课程标准和教材要求中，对实验教学也有着具体的要求和指导。它强调了实验教学在化学学习中的重要性，要求学校和教师充分利用实验教学资源，开展丰富多样的实验活动，以提高学生的实验操作能力和科学研究能力。

3. 教材内容和实验设计

教材要求通常包含了具体的化学知识内容和实验案例，为教师提供了具体的教学参考。教师可以根据这些内容和案例，设计符合课程要求和学生实际情况的实验教学活动，以达到预期的教学效果。

（二）教学指南和实践手册

除了课程标准和教材要求外，教育部和各地教育行政部门还会颁布针对高中化学教学的教学指南和实践手册。这些文件对实验教学的组织、管理、评价等方面进行了详细规定和说明。

1. 实践指导和教学建议

教学指南和实践手册通常提供了具体的实践指导和教学建议，包括实验教学活动的组织方式、实验设备的配置要求、实验安全规范、实验教学评价方法等内容。这些指南和建议有助于教师更好地开展实验教学工作。

2. 学科发展趋势和前沿知识

教学指南和实践手册还会介绍学科发展的趋势和前沿知识，指导教师及时更新教学内容，使教学与科学研究保持同步。教师可以根据这些信息，调整教学内容和教学方法，提高教学的前瞻性和针对性。

3. 教学资源和教学环境建设

此外，教学指南和实践手册还会提供教学资源和教学环境建设方面的指导和建议。教师可以根据这些建议，合理配置教学资源，营造良好的教学环境，为学生提供更好的学习条件。

三、前沿教学技术

（一）虚拟实验技术

虚拟实验技术是利用虚拟现实技术模拟实验过程，使学生可以在计算机或其他设备上进行实验操作和观察实验现象。这种技术的发展为实验教学提供了全新的可能性，能够弥补传统实验教学中设备不足、安全性差等问题。

1. 技术原理与应用

虚拟实验技术作为一种创新的教学手段，依赖于计算机图形学、仿真技术等多个领域的技术支持，已经在化学教育中得到了广泛地应用。其核心原理在于利用计算机技术模拟实验过程，通过设计逼真的虚拟实验场景和操作界面，使学生能够在虚拟环境中进行实验操作、观察实验现象，并进行数据采集和分析，从而达到实验教学的学习目的。

在虚拟实验技术中，计算机图形学扮演着重要角色。通过图形学技术，开发者可以创建逼真的虚拟实验场景，包括实验器材、试剂、反应容器等。这些场景可以栩栩如生地呈现在计算机屏幕上，使学生仿佛置身于真实的实验室环境中。同时，计算机图形学还能够实现实验现象的动态展示，如化学反应的进行过程、实验数据的变化等，使学生能够清晰地观察和理解实验过程。

除了计算机图形学，仿真技术也是虚拟实验技术的重要组成部分。通过仿真技术，开发者可以模拟各种化学实验的过程，包括实验操作、物质变化、实验结果等。这种仿真技术不仅能够准确地模拟实验现象，还能够根据学生的操作和选择进行动态调整，使学生能够亲身体验实验的过程和结果。

在实际应用中，虚拟实验技术为化学教育带来了诸多优势。首先，它能够弥补实验设备不足的问题，特别是一些昂贵、危险或稀缺的实验设备，使学生能够在没有实际设备的情况下进行实验操作。其次，虚拟实验技术能够提高实验的安全性，避免了实验操作中可能出现的意外和危险。再者，虚拟实验技术还能够提高实验的效率，学生可以随时随地进行实验操作，不受时间和空间的限制。最重要的是，虚拟实验技术还能够激发学生的学习兴趣，使他们更加积极地参与到实验教学中来。

2.教学效果与评价

虚拟实验技术在化学教育中的应用带来了显著的教学效果和积极的评价。首先，虚拟实验技术能够提供高度仿真的实验场景和实验操作，使学生能够身临其境地进行实验操作和观察实验现象。这种沉浸式的学习体验能够有效地激发学生的学习兴趣和好奇心，使他们更加专注和投入到实验教学中来。通过与虚拟实验的互动，学生可以深入了解化学实验的过程和原理，从而提高对化学知识的理解和掌握。

其次，虚拟实验技术可以减少实验设备的消耗和维护成本，提高实验教学的经济性和可持续性。传统的实验教学需要大量的实验器材、试剂和实验室空间，而虚拟实验则通过计算机模拟实验过程，无须消耗大量物质资源。这不仅有利于节约成本，还可以减少对实验设备的依赖，特别是对于一些昂贵、危险或稀缺的实验设备，虚拟实验技术的应用尤为重要。

然而，虚拟实验技术也存在一些局限性，无法完全取代实际实验的体验是其中最突出的问题之一。虚拟实验无法提供与真实实验相同的感官体验，例如无法真实感受化学反应的气味、温度等因素。这可能影响学生对实验的整体理解和感受，降低他们对化学实验的参与度和投入度。另外，由于虚拟实验技术的限制，某些复杂或特殊的实验现象可能无法完全模拟，导致实验过程的简化或缺失。这可能会影响学生对实验过程的全面理解和掌握程度。

因此，在评价虚拟实验技术的教学效果时，需要综合考虑其优点和局限性。虚拟实验技术在提高学生学习兴趣、降低教学成本等方面具有明显的优势，但也需要注意其无法完全替代真实实验的局限性。因此，在实际教学中，教师应根据教学目标和实际情况合理运用虚拟实验技术，结合传统实验教学方法，共同促进学生的全面发展。

（二）智能化教学平台

智能化教学平台利用人工智能和大数据技术，为学生提供个性化、智能化的学习服务。通过对学生学习行为和学习数据的分析，智能教学系统能够根据学生的学习特点和需求，为其推荐合适的实验内容和学习路径，提高学习的效率和质量。

1.技术原理与应用

智能化教学平台是一种基于人工智能算法和大数据分析技术的教育工具，其实现依赖于先进的计算机科学和信息技术。通过收集学生的学习数据，包括学习历史、学习习惯、学习表现等多方面信息，智能化教学平台可以对学生进行个性化的学习路径和内容推荐。在化学教育领域，智能化教学平台的应用为教师和学生提供了全新的教学模式和学习体验。

首先，智能化教学平台利用人工智能算法分析学生的学习数据，从而了解每位学生的学习特点和需求。通过对学生学习历史的深度挖掘，系统可以准确地把握学生的知识水平、学习能力和学科兴趣，为其量身定制学习计划和教学内容。例如，对于化学教育而言，智能化教学平台可以根据学生的学科基础和学习进度，推荐适合其能力水平的实验内容和教学资源，帮助学生更加高效地学习化学知识。

其次，智能化教学平台通过大数据分析技术挖掘学生的学习数据，为教学决策提供科学依据。通过对学生学习行为的统计分析，系统可以发现学生的学习模式和偏好，进而优化教学设计和教学策略。例如，智能化教学平台可以根据学生的学习习惯和学习进度，调整教学内容和难度，提供个性化的学习建议和辅导方案，帮助学生更好地理解和掌握化学知识。

智能化教学平台的应用为化学教育带来了诸多益处。首先，它能够提高教学的针对性和效果，使教学更加贴近学生的实际需求和学习特点。其次，智能化教学平台能够优化教学资源的利用，提高教学效率和经济性。再者，智能化教学平台还能够促进学生的自主学习和探究精神，培养其独立思考和问题解决能力。然而，智能化教学平台的应用也面临着一些挑战，如学生隐私保护、数据安全等方面的问题，需要引起重视并加以解决。

2.教学效果与评价

智能化教学平台作为一种创新的教育工具，在提高教学效果和评价学习成果方面发挥着重要作用。首先，智能化教学平台能够根据学生的个性化需求，为其提供定制化的学习服务。通过对学生学习数据的分析和挖掘，系统可以了解每位学生的学习偏好、学习节奏和学科水平，从而为其量身定制学习计划和教学内容。这种个性化的学习服务能够激发学生的学习兴趣和主动性，使其更加愿意投入到学习中去，从而提高学习的效率和质量。

其次，智能化教学平台具有实时监测和反馈的功能，能够帮助教师及时了解学生的学习情况并采取相应的措施。通过监测学生的学习行为和学习数据，系统可以发现学生的学习问题和困难，并及时给予反馈和建议。教师可以根据学生的学习表现和反馈信息，调整教学策略和教学内容，帮助学生克服学习障碍，提高学习效果。这种实时监测和反馈机制有助于促进教学过程的动态调整和优化，使教学更加符合学生的需求和实际情况。

然而，智能化教学平台的设计和实施也面临着一些挑战和问题。一是，学生隐私保护是一个重要的考虑因素。智能化教学平台需要收集大量的学生学习数据，涉及学生的个人信息和学习记录，因此必须加强对学生隐私的保护，确保学生的信息安全和私密性。二是，数据安全是另一个需要重视的问题。智能化教学平台涉及大量的学生学习数据的收集、存储和处理，存在着数据泄露和滥用的风险，因此需要采取有效的安全措施，保障学生数据的安全性和完整性。

第二节　针对高中学生特点的设计原则

一、高中学生身心发展特点

针对高中学生身心发展的特点，实验教学资源的设计应当充分考虑到他们的成长需求和心理特点。高中阶段是青少年身心发展的关键时期，学生正处于青春期的身体和心理变化阶段，因此实验教学资源的设计应当注重以下几个方面（见图4-1）。

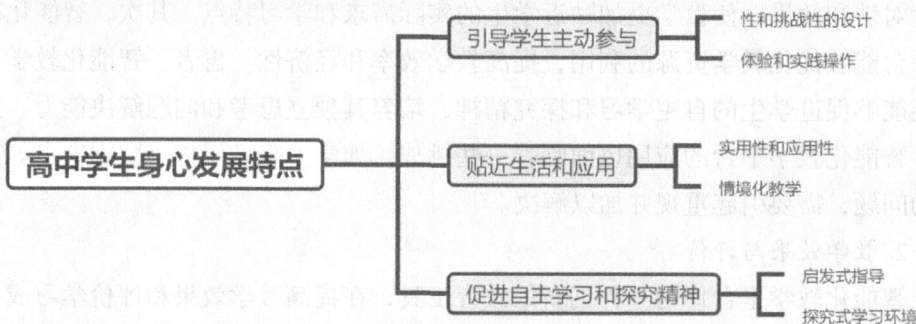

图4-1　高中学生身心发展特点设计原则架构图

（一）引导学生主动参与

在设计实验教学资源时，鼓励学生积极参与实践活动是至关重要的。以下是具体的设计原则和方法：

1. 设计具有趣味性和挑战性的实验内容

（1）趣味性设计

实验内容应该具有趣味性，能够引发学生的好奇心和求知欲。可以通过设计有趣的实验现象、活动或情境，吸引学生的注意力，并激发其参与的愿望。例如，设计有趣的颜色变化实验或发生奇特反应的实验，让学生在实验中感受到化学的神奇和乐趣。

（2）挑战性设计

实验内容也应具有一定的挑战性，能够激发学生的思考和探索欲望。可以设计一些复杂或需要一定技巧的实验操作，让学生在实践中面对挑战，从而提高其解决问题的能力和自信心。例如，设计需要精确控制条件或操作步骤的实验，让学生在实践中锻炼技能并克服困难。

2. 提供体验和实践操作的机会

（1）操作性设计

实验设计要注重操作性，让学生能够亲自动手操作，参与实验的各个环节。通过实践操作，学生可以更深入地理解化学原理和现象，增强其对知识的记忆和理解。

（2）探究性学习

提供探究性学习的机会，让学生通过实验探索和发现知识。设计开放性的实验任务，让学生自主设计实验方案、收集数据并分析结果，从而培养其探究和解决问题的能力。

通过以上设计原则和方法，可以有效地引导学生主动参与实践活动，提高其对化学知识的理解和掌握水平。这种参与式的实验教学不仅能够激发学生的学习兴趣，还能够培养其实验技能和科学思维能力，为其未来的学习和发展奠定良好的基础。

（二）贴近生活和应用

实验内容应贴近学生的生活经验和实际应用，使之与他们的日常生活和学习内容相联系。分为以下几类。

1. 实用性和应用性设计

（1）注重实用性

实验内容应具有实用性，能够让学生将所学的化学知识应用到实际生活中去。这样的设计能够增强学生对化学知识的实际应用意识，并激发他们对化学的兴趣。例如，设计与日常生活、环境保护或新材料研发相关的实验，让学生在实践中感受到化学知识的实际运用价值。

（2）强调应用性

实验设计应强调化学知识在实际应用中的作用和意义，让学生认识到化学对解决现实问题的重要性。通过实验，引导学生思考化学知识在环境保护、食品安全、药品研发等领域的应用，并激发他们对化学科学的探索和研究兴趣。

2. 情境化教学设计

（1）创设具体场景

将实验情境与学生身边的实际情况相结合，创设具体的场景和情景，使学生更易于理解和接受。通过情境化教学，可以提高学生的学习兴趣，增强他们对实验内容的认同感。例如，设计与食品安全、环境污染等相关的实验，让学生在实验中直观地感受到化学知识与实际生活的联系。

（2）引发思考与讨论

利用情境化教学设计，引发学生的思考和讨论，促进他们对化学知识的深入理解。设计能够引发争议和探讨的实验情境，激发学生的思辨能力，培养其批判性思维和创新能力。

（三）促进自主学习和探究精神

在实验教学中，应鼓励学生通过自主探究和学习活动，培养其独立思考和解决问题的能力。

1. 启发式指导

（1）开放性问题设计

提供具有启发性的实验问题或情景，让学生自主思考和探索解决问题的途径。设计问题时，要注重激发学生的思维，引导他们从不同角度去思考和解决问题，培养其创新意识和批判性思维。

（2）引导性实验指导

提供引导性的实验指导，而不是过于详细的步骤说明。通过简洁明了的实验指导，让学生自主选择实验方法和步骤，培养其实验设计和操作能力。

2. 探究式学习环境

（1）创设自由学习环境

设计开放式的实验环境，让学生在其中自由探索和学习。提供丰富的实验材料和资源，让学生根据自身兴趣和能力选择实验方向和方法，培养其主动学习的意识和能力。

（2）支持性指导与反馈

在学生探究过程中提供必要的支持和指导，同时及时给予积极的反馈。通过与学生的互动和交流，引导他们思考和总结实验结果，帮助其建立正确的学习观念和方法。

二、学习兴趣和动机

针对高中学生学习兴趣和动机的差异性，实验教学资源的设计应当多样化，以满足不同学生的学习需求和兴趣。以下是具体的设计原则和方法（见图4-2）。

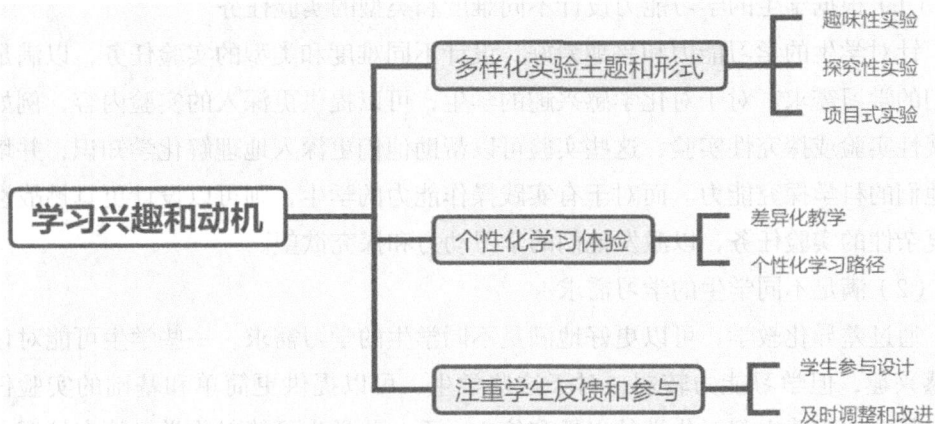

图 4-2　学习兴趣和动机架构图

（一）多样化实验主题和形式

多样化的实验主题和形式能够吸引不同类型的学生，激发他们的学习兴趣和动机。

1. 趣味性实验

设计富有趣味性的实验，涉及与日常生活相关的化学现象或有趣的实验现象。例如，通过制作颜色变化的实验、利用化学反应制作玩具等，吸引学生的注意力并增加其参与度。趣味性实验不仅可以让学生在实验中感受到乐趣，还能够激发其对化学知识的兴趣和好奇心。

2. 探究性实验

设置具有探究性质的实验，让学生通过实验操作和观察来发现问题、提出假设，并进行实验验证。这样的实验可以激发学生的探究欲望和求知心理，培养其科学精神和实验技能。通过提供开放性的实验题目和材料，鼓励学生自主设计实验方案，从而增强其独立思考和解决问题的能力。

3. 项目式实验

提供以项目为导向的实验任务，让学生在团队合作或个人独立完成的项目中进行实验设计和实验操作。通过项目式实验，学生可以在实践中运用所学知识解决实际问题，培养其创新意识和合作精神。此外，项目式实验也能够激发学生的学习动机和积极性，增强其对化学实验的参与度和投入度。

（二）个性化学习体验

根据学生的个性特点和学习偏好，提供个性化的学习体验和资源支持。

1. 差异化教学

（1）根据学生的学习能力设计不同难度和类型的实验任务

针对学生的学习能力和兴趣爱好，设计不同难度和类型的实验任务，以满足他们的学习需求。对于对化学感兴趣的学生，可以提供更深入的实验内容，例如拓展性实验或探究性实验，这些实验可以帮助他们更深入地理解化学知识，并培养他们的科学探究能力。而对于有实践操作能力的学生，则可以设计更具挑战性和复杂性的实验任务，以激发他们的学习动力和探究欲望。

（2）满足不同学生的学习需求

通过差异化教学，可以更好地满足不同学生的学习需求。一些学生可能对化学感兴趣，但学习能力较弱，对于这些学生，可以提供更简单和基础的实验任务，帮助他们建立起对化学的兴趣和信心；而一些学生可能对化学已经有较深入的了解，对于这些学生，可以提供更具挑战性和创新性的实验任务，帮助他们进一步拓展知识面。

2. 个性化学习路径

（1）提供个性化的学习路径和资源支持

为学生提供个性化的学习路径和资源支持，让他们根据自己的学习进度和需求自主选择学习内容和学习方式。通过灵活的教学设计和个性化的实验任务，激发学生的学习兴趣和自主学习能力。例如，可以为学生提供多样化的实验选项，让他们根据自己的兴趣和能力水平选择适合自己的实验内容和实验形式。

（2）鼓励学生自主选择学习内容和学习方式

鼓励学生根据自己的学习需求和兴趣自主选择学习内容和学习方式。为了实现个性化学习路径，可以提供不同难度和类型的实验任务供学生选择，并为他们提供相应的支持和指导。同时，也可以为学生提供个性化的学习资源和辅助材料，帮助他们更好地理解和掌握化学知识。

（3）培养学生的自主学习能力

个性化学习路径不仅仅是为了满足学生的学习需求，更重要的是培养他们的自主学习能力。通过自主选择学习内容和学习方式，学生可以更好地适应个人的学习节奏和学习风格，提高学习效率和学习动力。同时，也可以培养学生的自主学习能力和问题解决能力，为他们未来的学习和工作打下良好的基础。

（三）注重学生反馈和参与

鼓励学生积极参与实验教学的设计和评价过程，倾听他们的意见和建议，及时调整和改进实验内容和形式。

1. 学生参与设计

（1）学生参与实验教学资源设计与策划

在实验教学过程中，鼓励学生积极参与教学资源的设计与策划，以满足其个人兴趣和需求。这种参与性设计不仅仅是将学生视作接受者，更是将其视作共同的合作者。通过与学生的合作和互动，教师可以更好地了解学生的学习需求和兴趣，从而设计出更具吸引力和实用性的实验内容。

（2）提出实验想法与建议

学生应被鼓励提出实验想法与建议，使得实验内容更具针对性和创新性。这种开放性的参与方式不仅激发了学生的主动性，同时也为教师提供了宝贵的反馈和灵感。通过收集学生的想法和建议，教师可以更好地调整实验的方向和内容，使之更加贴近学生的实际需求和学习兴趣。

（3）合作与互动设计

通过与学生的合作与互动，设计更具吸引力和实用性的实验内容，增强学生的参与感和归属感。这种设计不仅仅关注实验本身的内容，更注重实验过程中学生与教师之间的互动与合作。教师应鼓励学生之间的合作交流，促进彼此之间的学习和共同成长。

2. 及时调整和改进

（1）基于学生反馈调整实验教学资源

根据学生的反馈和评价，及时调整和改进实验教学资源，以提升教学效果和学习满意度。学生的反馈是实验教学不可或缺的一部分，通过倾听学生的意见和建议，教师可以更加精准地调整实验内容和形式，使之更贴近学生的学习需求和兴趣。

（2）增强实验教学的有效性和实用性

根据学生的反馈和评价，调整实验内容和形式，使之更具有效性和实用性。学生的参与和反馈能够帮助教师更好地理解学生的学习需求，从而对实验教学进行更有针对性地改进。这种改进不仅仅关注于实验本身的内容，更注重于实验过程中学生的参与感和学习体验。

（3）提高实验教学的学术价值

通过及时调整和改进，提高实验教学的学术价值。学生的参与和反馈有助于发现实验教学中存在的问题和不足，从而对实验教学进行深入地思考和改进。这种改进不仅仅关注于实验的技术性和操作性，更注重于实验教学对学生学术素养的培养和提升。

三、学科认知水平

针对高中学生的学科认知水平，实验教学资源的设计应当注重在实践中培养学生的实验技能和科学思维能力（见图4-3）。

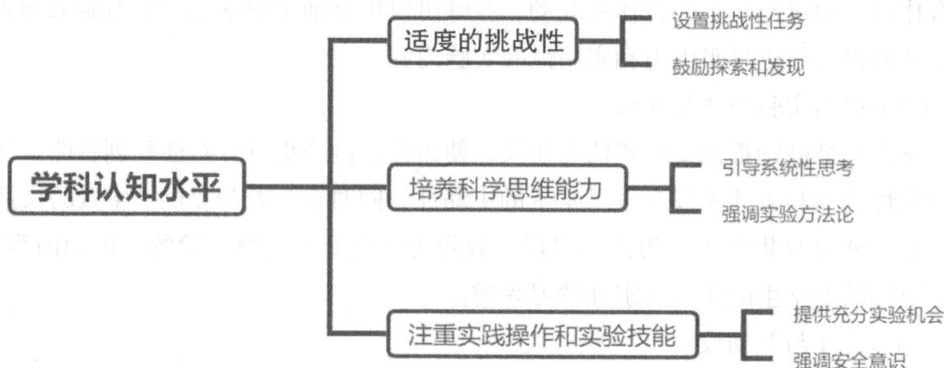

图 4-3　学科认识水平架构图

（一）适度的挑战性

实验内容应考虑到学生的认知水平和基础知识，同时具有一定的深度和难度，能够激发学生的思考和探索欲望。具体包括以下几点。

1. 设置挑战性任务

（1）设计具有挑战性的实验任务

在实验内容设计中，应设立一些具有挑战性的任务，要求学生在实践中克服困难，拓展自己的认知边界。这样的任务可以涵盖以下两个方面。

①深入探究

设计实验任务时，可以选择一些较为复杂或深入的实验内容，要求学生探索其中的原理和机制。例如，在化学实验中，可以设计涉及复杂反应机理或控制变量较多的实验任务，挑战学生的分析和解决问题的能力。

②创新性要求

鼓励学生提出创新性的实验方案或解决问题的方法。通过要求学生在实验中提出自己的猜想、假设或解决方案，引导他们进行独立思考和探索，从而培养其创新意识和解决问题的能力。

（2）激发学生的学习兴趣和动力

挑战性的实验任务能够激发学生的学习兴趣和动力，促使他们积极投入到学习过程中。当学生面对具有一定难度的任务时，他们需要付出更多的努力和思考，这种挑战性可以激发他们的学习动力和求知欲望，从而提高其学习效果和成就感。

2. 鼓励探索和发现

（1）提供实验探索和发现的机会

在实验教学中，应当为学生提供充分地探索和发现的机会，让他们在实践中主动思考和解决问题。为此，可以采取以下措施：

①开放性实验设计

设计开放性的实验任务，让学生有足够的自由度进行实验设计和操作，从而培养其自主思考和问题解决能力。

②引导性问题设置

在实验过程中设置一些引导性的问题或思考题，激发学生对实验结果的思考和分析，促使他们从中发现规律和解决问题。

（2）提高学生的学科认知水平

通过实验探索和发现的方式，可以促使学生不断探索和学习，提高他们的学科认知水平。当学生通过实践发现新的现象或解决实际问题时，他们会对所学知识有更深入地理解和应用，从而提高其学科认知水平和学习成就感。

（3）培养学生的实验技能和科学精神

实验探索和发现不仅能够提高学生的学科认知水平，还能够培养其实验技能和科学精神。在实验过程中，学生需要进行实验设计、数据采集与分析、结论推理等科学活动，这些活动能够帮助学生培养实验技能和科学思维，从而为其未来的学习和科研打下坚实的基础。

（二）培养科学思维能力

实验教学资源的设计应促进学生的科学思维能力的培养，包括观察、实验设计、数据分析、推理和假设验证等方面。

1. 引导系统性思考

（1）设计系统性和科学性的实验任务

在实验教学资源设计中，应设计具有系统性和科学性的实验任务，引导学生进行系统性的实验操作和科学推理。这种设计可以通过以下方式实现：

目的明确：确保实验任务的目的清晰，让学生了解实验的意义和预期结果。

方法详细：提供详细的实验步骤和操作方法，确保学生能够准确地进行实验操作。

数据记录：鼓励学生准确记录实验过程中的数据和观察结果，培养他们的观察和记录能力。

（2）培养科学思维能力和问题解决能力

通过引导学生进行系统性思考和科学推理，培养他们的科学思维能力和问题解决能力。学生在实验过程中需要进行观察、实验设计和数据分析等环节，这些活动能够帮助他们培养科学思维能力，并提高其问题解决能力。

2. 强调实验方法论

（1）注重实验方法的培养

实验教学应注重培养学生的实验方法论，让他们学会合理设计实验方案、准确记录实验数据、分析实验结果并提出合理的结论。具体做法包括：

实验设计：引导学生思考实验的设计方案，包括变量的设定、实验步骤的安排等，培养其实验设计能力。

数据记录与分析：教导学生如何准确记录实验过程中的数据，并通过数据分析得出结论，培养其数据分析和推理能力。

（2）促进逻辑思维和科学素养的提升

强调实验方法论的教学能够促进学生的逻辑思维和科学素养的提升。学生在学习实验方法的过程中，不仅能够掌握科学实验的基本原理和方法，还能够培养逻辑思维和科学态度，提高其科学素养水平。

（3）培养独立思考和创新能力

通过实验方法论的教学，培养学生独立思考和创新能力。学生在学习实验方法的过程中，需要运用逻辑思维和科学原理解决实际问题，这种训练有助于培养他们的独立思考和创新能力，为其未来的学习和科研打下良好的基础。

（三）注重实践操作和实验技能

实验教学资源的设计应重视实践操作和实验技能的培养，让学生通过实际操作来掌握化学实验的基本技能和方法。

1. 提供充分实验机会

（1）规划多样化的实验项目

设计多样化的实验项目，以提供学生充足的实验操作机会。这些实验项目应该覆盖不同的化学概念和实验技能，涵盖从基础到复杂的范围。通过反复实验操作，学生能够逐步掌握实验技能和操作方法，并加深对实验原理和方法的理解。

（2）强调实践操作的重要性

强调实践操作在化学学习中的重要性，鼓励学生积极参与实验操作。实践操作不仅可以帮助学生将理论知识应用到实际中，还能够培养他们的实验技能和解决问题的能力。因此，学校应该提供充足的实验设备和实验材料，确保学生有足够的实验机会。

2. 强调安全意识

（1）教育学生正确使用实验仪器和化学试剂

在实验教学中，应该注重培养学生的实验安全意识，教育他们正确使用实验仪器和化学试剂。学生需要了解实验仪器的使用方法和注意事项，以及化学试剂的性质和危害。教师可以通过实验前的安全演示和实验操作中的安全提示，帮助学生建立正确的安全意识，减少实验事故的发生。

（2）严格遵守实验操作规程

学校应该建立健全的实验安全管理制度，规范实验操作行为。学生在进行实验操作时，应严格遵守实验操作规程，不得违反实验安全规定。教师应该对学生进行实验安全培训，让他们了解实验安全的重要性，并掌握正确的实验操作方法。

（3）提高实验技能水平

通过重视实践操作和实验技能的培养，可以有效提高学生的实验技能水平。学生在实验操作中不仅能够掌握化学实验的基本技能和方法，还能够培养解决问题的能力和实验设计的能力。这样的实验教学不仅能够提高学生的学习效果，还能够保障实验过程的安全性和有效性。

第三节　实验教学资源设计中的安全性考量

一、实验操作安全

在实验教学资源设计中，实验操作的安全性是至关重要的考量因素之一。为确保学生在实验中的安全，需要采取以下措施。

（一）清晰明了的实验操作步骤

1. 清晰简明地描述

实验操作步骤的清晰明了对于实验教学的有效进行至关重要。以下是对实验操作步骤的详细描述和关键步骤的强调，以确保学生能够准确理解和执行。

（1）准备实验器材和化学试剂

在进行实验之前，首先需要准备好实验所需的器材和化学试剂。这包括实验仪器、试剂瓶、量筒、玻璃棒等实验器材，以及化学试剂如氢氧化钠溶液、盐酸等。

（2）戴上防护眼镜和手套

在进行实验操作之前，学生必须戴上防护眼镜和手套，以保护眼睛和皮肤免受化学试剂的伤害。这是确保实验安全的关键步骤之一。

（3）逐步加入化学试剂至容器中

在进行试剂加入操作时，需要逐步加入化学试剂至容器中。在加入过程中，应注意控制加入速度和搅拌均匀程度，确保试剂能够充分混合，避免发生剧烈反应或溅洒。

（4）观察实验现象，并记录相关数据

在试剂加入完成后，学生需要观察实验现象，并记录相关数据。这包括观察溶液颜色的变化、气体的释放情况等实验现象，并记录下实验过程中的关键数据。

2. 强调关键步骤

在实验操作步骤中，有几个关键步骤需要特别强调，以确保实验的顺利进行和安全性。

（1）加入化学试剂时注意缓慢加入

在加入化学试剂时，必须缓慢加入，并在加入过程中持续搅拌，以确保试剂能够均匀混合，避免发生意外反应或溅洒。

（2）实验结束后及时清理实验台面和器材

实验结束后，学生必须及时清理实验台面和器材，避免残留物对下次实验的影响。这是维护实验室清洁和整洁的重要步骤，也有助于减少实验室意外的发生。

通过清晰明了的实验操作步骤和对关键步骤的强调，可以帮助学生正确理解和执行实验操作，确保实验教学的顺利进行和学生的安全。

（二）加强安全措施的说明

在实验教学中，加强安全措施的说明对于保障学生的安全至关重要。以下是对个人防护装备和实验室行为规范的详细说明，以确保学生在实验过程中的安全。

1. 个人防护装备的强调

对于涉及危险操作的实验，学生在进行实验操作前必须戴上防护眼镜和手套，以防止化学试剂溅入眼睛或皮肤，从而保护自身安全。

例如：在进行腐蚀性试剂的操作时，务必戴上防护眼镜和手套，避免化学试剂对眼睛和皮肤造成伤害。

2. 实验室行为规范的强调

为防止意外事故的发生，严格规定实验室内禁止学生奔跑、嬉闹等行为。学生在实验过程中应保持安静和专注，避免造成实验设备的摔坏或其他意外情况。

例如：实验过程中，严禁在实验室内奔跑和玩耍，以免造成意外伤害或实验设备的损坏。

3. 加强安全意识教育

（1）安全意识教育的重要性

强调安全意识教育的重要性，引导学生重视安全问题，并养成良好的安全行为习惯。通过安全意识教育，提高学生对实验安全的认识和重视程度。

（2）实用安全知识的传授

在课堂教学中，传授实验安全知识，包括化学试剂的危害性、常见的实验事故及应急处理方法等，让学生了解实验安全的重要性和应对突发情况的能力。

通过加强对个人防护装备和实验室行为规范的说明，并进行安全意识教育和实验安全知识的传授，可以有效提高学生在实验过程中的安全意识和安全行为水平，确保实验教学的顺利进行和学生的安全。

（三）引导学生注意安全规范

在实验教学中，引导学生注意安全规范是确保实验过程安全的关键。以下是加强安全提示和注意事项以及安全示范和讲解的详细说明，以帮助学生养成良好的安全意识和行为习惯。

1. 加入安全提示和注意事项

在实验指导中加入安全提示和注意事项，以引导学生注意安全规范的重要性，并提供实际操作中的安全示范和讲解。

（1）戴上个人防护装备

在实验指导中明确提醒学生戴上防护眼镜和手套，并说明戴上个人防护装备的原因和意义。这可以有效保护学生的眼睛和皮肤，避免受到化学试剂的伤害。

（2）注意化学试剂的安全性

在实验指导中对使用的化学试剂进行详细说明，包括其毒性、腐蚀性等特性，以及安全操作注意事项。学生应该了解试剂的危险性，并采取相应的防护措施。

2. 安全示范和讲解

在实验过程中进行安全示范和讲解，帮助学生理解实验操作中的安全注意事项，并正确执行实验操作步骤，确保实验过程的安全性。

（1）实验前的安全示范

教师在实验课上进行实际的安全示范和操作演示，向学生展示正确的实验操作步骤和个人防护装备的佩戴方法。通过直观的示范，学生可以更好地理解安全规范并正确执行。

（2）实验中的安全讲解

在实验过程中，教师对学生进行安全讲解，重点强调实验操作中的关键安全步骤和注意事项。例如，在加入化学试剂时要缓慢加入并持续搅拌，避免产生危险反应。

通过加强安全提示和注意事项的说明，以及进行实验中的安全示范和讲解，可以有效地引导学生注意安全规范，养成良好的安全意识和行为习惯，从而确保实验过程的安全性和学生的健康。

二、物质使用安全

在设计实验教学资源时，确保化学试剂的安全使用是至关重要的。以下是针对选择安全的化学试剂、提供详细的安全信息以及强调实验室安全管理的详细说明（见图4-4）。

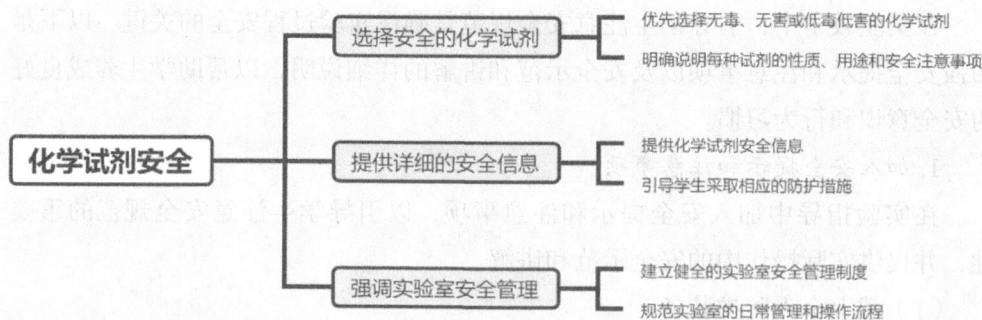

图4-4　物质使用安全架构图

（一）选择安全的化学试剂

1. 优先选择无毒、无害或低毒低害的化学试剂

在设计实验内容时，应尽量选择无毒、无害或低毒低害的化学试剂，以降低实验过程中的安全风险。

避免使用具有较高毒性或危险性的试剂，特别是在学生实验中，要选择对人体和环境影响较小的试剂。

2. 明确说明每种试剂的性质、用途和安全注意事项

在实验说明中，应详细说明每种试剂的性质、用途和安全注意事项，包括毒性、腐蚀性、易燃性等特性，以及正确的存储和处理方法。

引导学生正确使用化学试剂，避免因试剂误用或事故而导致的安全问题。

（二）提供详细的安全信息

1. 提供化学试剂安全信息

在实验教学资源中，应提供详细的化学试剂安全信息，以便学生了解试剂的风险和安全操作方法。

包括试剂的毒性级别、腐蚀性、易燃性等特性，以及对人体和环境可能造成的影响。

2. 引导学生采取相应的防护措施

根据化学试剂的特性，引导学生采取相应的防护措施，如佩戴防护眼镜、手套等个人防护装备。

提醒学生在使用试剂时注意通风良好的实验环境，以减少试剂对人体和环境的危害。

（三）强调实验室安全管理

1. 建立健全的实验室安全管理制度

学校应建立健全的实验室安全管理制度，明确实验室管理责任和操作流程，确保实验室设施的安全可靠。

对实验室进行定期检查和维护，及时处理安全隐患，确保实验室环境安全。

2. 规范实验室的日常管理和操作流程

强调实验室的日常管理和操作流程，包括试剂的存储、使用和处理等，确保实验室操作规范化、标准化。

指导学生在实验室中正确使用设备和试剂，遵守实验室安全规定，确保实验室环境的安全和整洁。

三、应急处理措施

在设计实验教学资源时，考虑可能出现的意外情况和应急处理措施至关重要。以下是针对制定应急退出程序、备有应急救援设备以及加强师生沟通与配合的详细说明。

（一）制定应急退出程序

在实验教学资源中，应事先制定好应急退出程序，明确学生在实验过程中遇到紧急情况时应采取的应急措施和逃生路线。确保学生能够迅速、有效地应对突发情况，保障其人身安全（见图 4-5）。

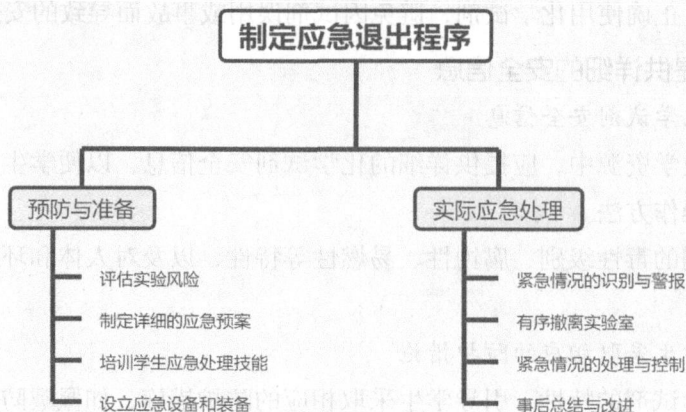

图 4-5　制定应急退出程序架构图

1. 预防与准备

（1）评估实验风险

在制定应急退出程序之前，首先需要对实验过程中可能出现的风险进行全面评估。这包括对实验材料、设备、操作流程等进行细致分析，识别潜在的危险因素和安全隐患。通过系统的风险评估，可以有针对性地制定应急退出程序，减少事故发生的可能性。

（2）制定详细的应急预案

根据风险评估结果，制定详细的应急预案是必不可少的。这些预案应该涵盖各种可能出现的紧急情况，如火灾、化学品泄漏、设备故障等。针对不同类型的紧急情况，制定相应的处理流程和应对措施，明确学生应该采取的行动步骤。

（3）培训学生应急处理技能

在实验教学开始之前，对学生进行应急处理技能的培训是必要的。这包括教授学生如何正确使用安全装备、如何识别紧急情况、如何采取适当的应对措施等。通过模拟演练和实际操作，帮助学生熟练掌握应急处理技能，提高其在紧急情况下的反应能力。

（4）设立应急设备和装备

在实验室内设立必要的应急设备和装备是应急退出程序的重要组成部分。例如，设置紧急停止按钮、配备灭火器、安装紧急淋浴器和洗眼器等设备，以应对不同类型的紧急情况。同时，确保这些设备处于良好状态，随时可以使用。

2. 实际应急处理

（1）紧急情况的识别与警报

当发生紧急情况时，学生应该首先迅速识别情况的严重程度，并立即向教师或实验室管理人员报告。同时，如果条件允许，可以按下紧急停止按钮或触发警报系统，以便及时通知其他人员并采取进一步措施。

（2）有序撤离实验室

在收到紧急情况报告后，教师或实验室管理人员应迅速组织学生有序撤离实验室。在撤离过程中，学生应按照事先规划的逃生路线，保持冷静并不慌不忙地离开危险区域。同时，应注意避免踩踏和拥挤，确保每个人都能够安全撤离。

（3）紧急情况的处理与控制

在学生撤离后，教师或实验室管理人员应立即采取措施处理和控制紧急情况。例如，如果是火灾，应立即使用灭火器扑灭火焰；如果是化学品泄漏，应迅速关闭泄漏源并进行清理；如果是设备故障，应尽快修复或更换设备。同时，及时通知相关部门，并协助其进行进一步处理。

（4）事后总结与改进

紧急情况处理结束后，应对整个应急过程进行及时总结与反思。检查应急退出程序的执行情况，分析存在的问题和不足之处，并提出改进意见。这包括更新应急预案、加强学生培训和加强设备维护等方面，以提高今后应对紧急情况的能力和效率。

（二）备有应急救援设备

实验室应配备必要的应急救援设备，如急救箱、洗眼器、安全淋浴设备等。这些设备能够应对意外伤害或化学品泼溅等紧急情况，及时进行应急处理，保障学生的安全（见图4-6）。

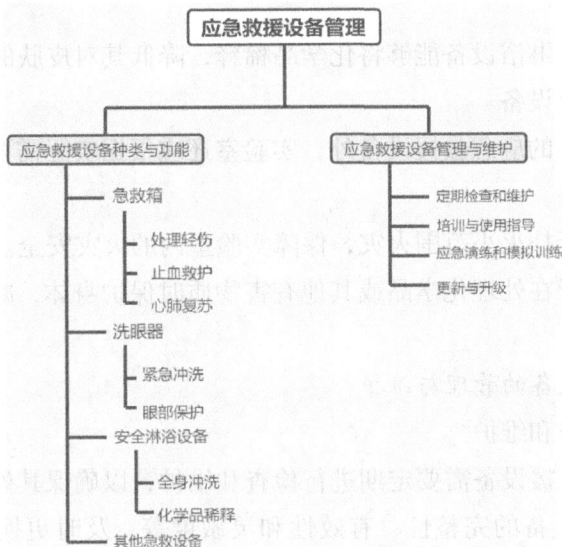

图4-6　应急救援设备管理架构图

1. 应急救援设备的种类与功能

（1）急救箱

急救箱是实验室必备的救援设备之一，其功能包括以下几点。

处理轻伤：提供常用的医疗器械和药品，如创可贴、消毒棉球、止痛药等，用于处理轻伤。

止血救护：配备止血纱布、止血带等物品，用于处理出血伤口，及时止血救护。

心肺复苏：提供心肺复苏器材，如口对口呼吸面罩、自动体外除颤器（AED）等，用于应对心搏骤停等急救情况。

（2）洗眼器

洗眼器用于应对化学品或异物溅入眼睛导致眼部灼伤或刺激的情况。其特点包括以下几点。

紧急冲洗：洗眼器能够提供大量洁净水流，迅速冲洗受伤眼睛，将有害物质冲出眼睛，减少进一步损伤。

眼部保护：洗眼器设计为无菌环境，可以最大限度地保护受伤眼部，避免继续感染或伤害。

（3）安全淋浴设备

安全淋浴设备是应对化学品或其他有害物质泼溅于身体时的紧急救援设备，其功能包括以下几点。

全身冲洗：提供大量的清水，迅速冲洗泼溅区域，将有害物质冲洗干净，减少伤害程度。

化学品稀释：淋浴设备能够将化学品稀释，降低其对皮肤的刺激和损伤。

（4）其他急救设备

除了上述常见的应急救援设备外，实验室还应根据实际需要配备其他急救设备，包括以下设备。

灭火器：用于扑灭小范围火灾，保障实验室内的火灾安全。

防护服：用于在处理化品或其他有害物质时保护身体，减少接触危险物质的风险。

2. 应急救援设备的管理与维护

（1）定期检查和维护

实验室应急救援设备需要定期进行检查和维护，以确保其处于良好的工作状态。这包括检查设备的完整性、有效性和灵敏度等，及时更换损坏或过期的物品，并进行必要的维修和保养工作。

（2）培训与使用指导

为了保证应急救援设备的有效使用，实验室管理者应对师生进行相应的培训和使用指导。培训内容包括设备的功能、正确使用方法、应急处理流程等，以提高师生的应对突发情况的能力和效率。

（3）应急演练和模拟训练

定期组织应急演练和模拟训练是保障应急救援设备有效使用的重要手段。通过模拟真实紧急情况，检验师生对设备的熟悉程度和应急处理能力，发现问题并及时加以改进，提高应对突发情况的整体响应水平。

（4）更新与升级

随着科技和设备的不断发展，实验室应急救援设备也需要不断更新和升级。管理者应定期评估设备的性能和适用性，根据需要及时更新或升级设备，以确保其与最新技术和标准保持一致，提高应急救援的效率和准确性。

（三）加强师生沟通与配合

通过以下措施，可以有效加强师生之间的沟通与配合，增强学生的实验安全意识和应急处理能力，从而最大限度地保障实验过程中的安全（见图4-7）。

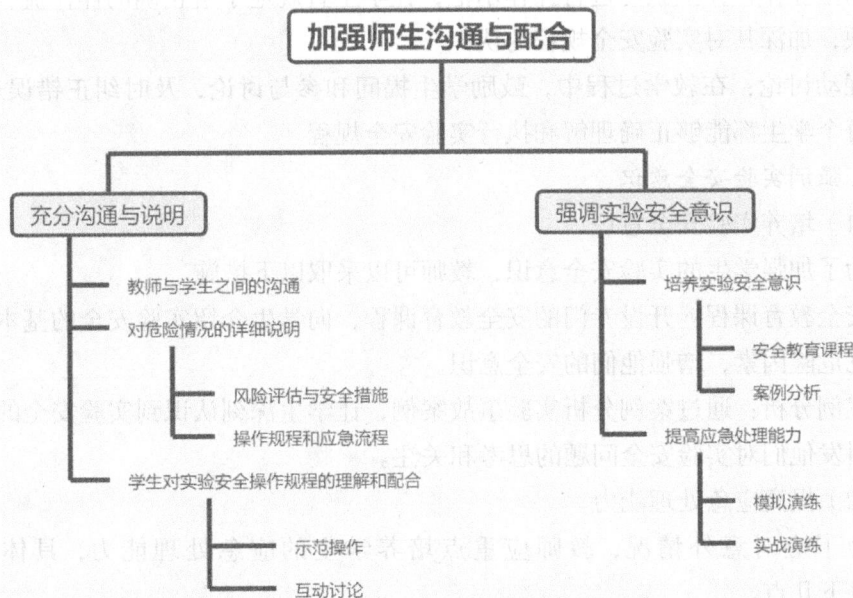

图4-7　加强师生沟通与配合架构图

1. 充分沟通与说明

（1）教师与学生之间的沟通

教师应建立起与学生之间有效的沟通渠道，以确保信息传递的及时性和准确性。包括以下内容。

定期会议和讨论：安排定期的教师与学生会议，就实验安全问题进行深入讨论和交流，让学生了解实验安全的重要性以及应对突发情况的必要性。

开放式沟通渠道：设立开放式的沟通渠道，鼓励学生随时向教师提出问题或建议，及时解决实验过程中的安全隐患。

（2）对危险情况的详细说明

在实验前，教师应向学生详细说明可能出现的危险情况，并提供相应的预防措施和应对方法。具体措施包括以下内容。

风险评估与安全措施：对实验过程中可能出现的危险因素进行评估，制定相应的安全措施，如正确使用个人防护装备、避免与化学品直接接触等。

操作规程和应急流程：向学生介绍实验的操作规程和应急退出程序，让他们了解在紧急情况下应该采取的行动，并且做好相关准备。

（3）学生对实验安全操作规程的理解和配合

教师应确保学生对实验安全操作规程有清晰地理解，并能够积极配合执行。这可以通过以下方法实现。

示范操作：在实验前进行操作示范，让学生直观地了解正确的操作流程和注意事项，加深其对实验安全规程的认识。

互动讨论：在教学过程中，鼓励学生提问和参与讨论，及时纠正错误理解，确保每个学生都能够正确理解和执行实验安全规程。

2.强调实验安全意识

（1）培养实验安全意识

为了加强学生的实验安全意识，教师可以采取以下措施。

安全教育课程：开设专门的安全教育课程，向学生介绍实验安全的基本知识和常见危险因素，增强他们的安全意识。

案例分析：通过案例分析实验事故案例，让学生深刻认识到实验安全的重要性，引发他们对实验安全问题的思考和关注。

（2）提高应急处理能力

为了应对意外情况，教师应重点培养学生的应急处理能力，具体措施包括以下几点。

模拟演练：定期组织模拟实验事故的演练，让学生在模拟情景下学会正确应对突发情况，提高其应急处理能力。

实战演练：在实验课程中安排一定的时间进行实战演练，让学生亲自操作应急设备，学会正确使用急救箱、洗眼器等设备，增强其应对突发情况的能力。

第五章　高中化学实验教学资源的开发方法

第一节　教学资源开发的基本流程

教学资源开发的基本流程是一个系统性的过程，涉及多个环节和细节（见图5-1）。

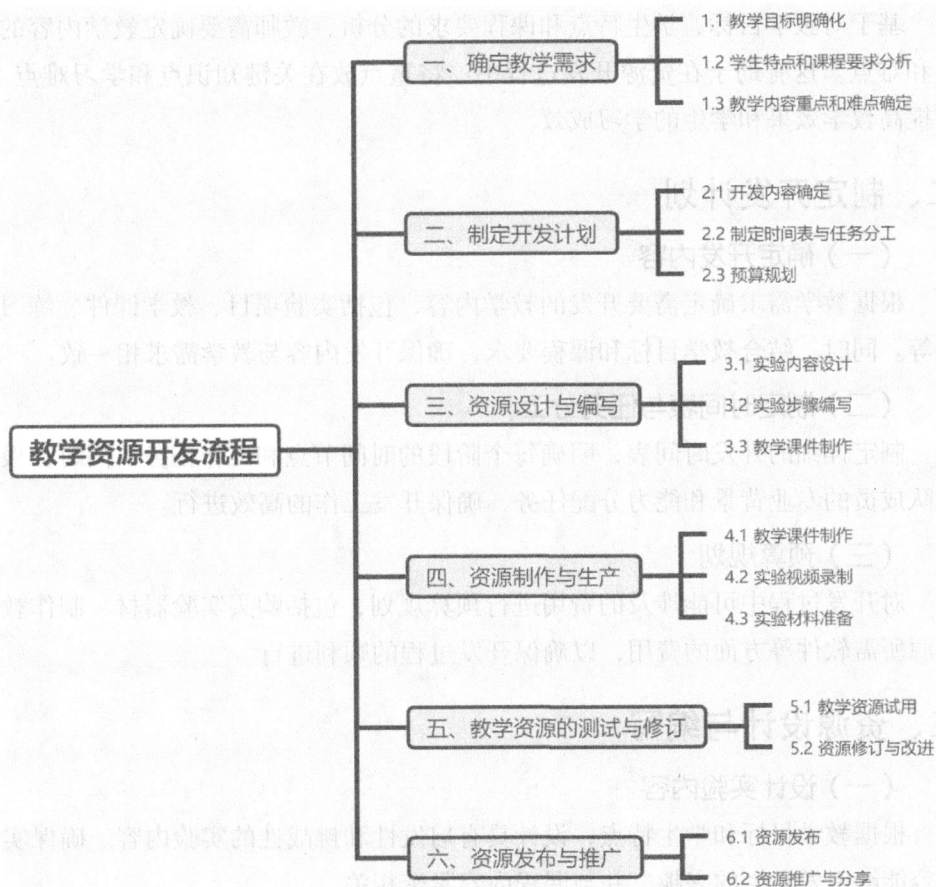

图 5-1　教学资源开放的基础流程架构图

一、确定教学需求

（一）教学目标明确化

教学目标的明确化是教学资源开发的首要步骤。教师需要仔细审视教育部颁布的课程标准和教材要求，以明确学生应该达到的知识、能力和技能水平。在高中化学教学中，这可能涉及学生对基本化学概念的理解、实验操作技能的掌握以及问题解决能力的培养等方面。

（二）学生特点和课程要求分析

教师需要深入了解目标学生群体的年级特点、学习兴趣、先前学习经历以及可能存在的困难和挑战。同时，对课程要求进行分析，了解教材内容的难易程度、重点知识点和可能的授课难点，以便有针对性地开发教学资源。

（三）教学内容重点和难点确定

基于对教学目标、学生特点和课程要求的分析，教师需要确定教学内容的重点和难点。这有助于在资源开发过程中，将重点放在关键知识点和学习难点上，以提高教学效果和学生的学习成效。

二、制定开发计划

（一）确定开发内容

根据教学需求确定需要开发的教学内容，包括实验项目、教学课件、练习题目等。同时，结合教学目标和课程要求，确保开发内容与教学需求相一致。

（二）制定时间表与任务分工

制定详细的开发时间表，明确每个阶段的时间节点和工作任务。同时，根据团队成员的专业背景和能力分配任务，确保开发工作的高效进行。

（三）预算规划

对开发过程中可能涉及的费用进行预算规划，包括购买实验器材、制作教学资源所需软件等方面的费用，以确保开发过程的顺利进行。

三、资源设计与编写

（一）设计实验内容

根据教学目标和学生特点，设计具有启发性和挑战性的实验内容。确保实验内容能够引发学生的兴趣，并与课程内容紧密相关。

（二）编写实验步骤

编写清晰、详细的实验步骤，包括实验所需材料、操作方法、数据记录和实验结果分析等内容。确保学生能够按照步骤顺利进行实验，并获取有效的实验结果。

（三）制作教学课件

制作具有教育价值的教学课件，包括教学 PPT、教学视频等。结合多媒体技术，呈现生动形象的教学内容，提高学生的学习兴趣和理解效果。

四、资源制作与生产

（一）制作教学课件

根据教学设计和编写的内容，制作教学课件。注重设计风格和排版布局，使教学课件具有良好的视觉效果和易于理解的内容结构。

（二）录制实验视频

录制清晰、准确的实验视频，展示实验过程和操作技巧。确保视频内容能够清晰地展示实验步骤和实验结果，帮助学生理解和掌握实验技能。

（三）准备实验材料

准备实验所需的材料和器材，确保实验材料的质量和数量能够满足教学需要。同时，对实验器材进行检查和维护，确保实验过程的安全顺利进行。

五、教学资源的测试与修订

（一）教学资源试用

邀请教师和学生进行教学资源的试用，收集他们的反馈意见。了解他们对教学资源的使用体验和建议，为后续的修订工作提供参考。

（二）资源修订与改进

根据试用反馈意见，对教学资源进行修订和改进。包括修正错误、调整内容结构、增加互动性等方面的改进措施，提高教学资源的质量和效果。

六、资源发布与推广

（一）资源发布

将修订后的教学资源发布到教育网站、在线教学平台等平台上。确保资源的及时更新和广泛传播，为更多的教师和学生提供便利的获取途径。

（二）资源推广与分享

通过各种途径进行资源的推广和分享，包括举办教学研讨会、撰写教学经验分享文章等。促进资源的有效利用和交流，提升教学水平和教学效果。

第二节　实验教学资源开发中的设计策略

一、多样化实验内容

学生的兴趣和学习需求应是设计实验教学资源的重要考虑因素。化学实验作为学科的重要组成部分，应该涵盖丰富多样的实验内容，以满足学生对不同主题和领域的学习需求。这些实验内容可以涉及化学的各个方面，包括但不限于物理性质、化学反应、实验技术等。比如，在物理性质方面，可以设计测量物质密度、溶解度、熔点、沸点等实验；在化学反应方面，可以设计酸碱中和、氧化还原、络合反应等实验；在实验技术方面，可以设计滴定、萃取、蒸馏等实验。通过提供多样化的实验内容，可以激发学生的学习兴趣和好奇心，促进他们对化学知识的深入了解和掌握。

多样化的实验内容还可以帮助学生全面了解化学知识，并培养其实验技能和科学素养。通过设计涵盖不同主题和领域的实验内容，可以让学生接触到更广泛的化学知识，拓宽其视野和思维。同时，通过参与各种类型的实验，学生可以逐步掌握实验操作技能，提高其实验设计和数据处理能力。这些能力的培养对学生未来的科学研究和工程实践具有重要意义，有助于他们在实践中运用所学知识解决实际问题。

为了确保实验内容的多样性，教师可以从不同的教学资源中选取实验内容，或者根据学生的兴趣和需求进行定制化设计。例如，可以参考教科书、实验手册、科普读物等资源，挑选具有代表性和实用性的实验内容。同时，教师还可以根据学生的兴趣和特长，设计特色化的实验内容，激发学生的学习热情和创造力。通过多样化的实验内容，可以更好地满足不同学生的学习需求，提高教学效果和学生学习成果的质量。

二、引导性教学设计

在设计实验内容时，应采用引导性教学设计，引导学生自主探索和发现，培养其科学探究精神和创新能力。通过设计开放性的实验任务，让学生在实践中主动构建知识，提高其学习主动性和参与度。例如，有机化学是高中化学中十分重要的部分，很多学生在学习有机化学知识时，会出现理解不透彻、学习效果不佳的状况，这不仅会降低高中化学课堂教学效果，同时也会制约学生的健康成长。对此在实践中，高中化学教师可以借助"问题引导—探究"式教学方式，组织学生开展有机化学实验探究活动，从而深化学生对这部分知识的认知。

（一）"问题引导—探究"式实验教学模式

对于"问题引导—探究"式实验教学模式，其本身可以分成问题引导教学与探究式教学两个部分，这种实验教学模式是一种综合性的教学活动，可以在很大程度上推动学生的思维能力和探究能力的发展，有助于学生的核心素养提升[1]。

1. 问题引导式教学

在问题引导式教学中，教师依据教材知识，将其分解成多个问题，以此呈现在学生面前。这种方式激发了学生的思考和探索欲望，促使他们在积极思考问题的过程中充分理解化学知识，开展相应的化学技能训练，并培养学生的化学思维能力。具体实施如下：

（1）问题环境的创设

教师根据教学内容和学生的认知特点，创设问题环境，将问题呈现给学生。这些问题应该具有一定的挑战性和启发性，能够引发学生的思考和探索欲望。

（2）引导学生探索问题

教师引导学生以问题为引导，开展深层次的探索。通过提出问题，引发学生的好奇心和求知欲，激发他们主动思考和积极探索，从而实现对学生能力的培育。

2. 探究式实验教学

探究式实验教学是在教师的指导下，学生以发现者、扮演者的身份，通过自身已经掌握的知识和技能，组织开展实验探索活动。在实验探究中，学生通过实验观察、实验操作、思考等过程，深入理解教材中的相关知识原理，从而发现化学规律，达成学习目标。具体步骤包括：

（1）提出问题与设计实验方案

教师根据问题引导式教学阶段的问题，引导学生设计实验方案。学生需要结合所学知识，独立思考并设计实验方案，以验证或解决问题。

（2）实验操作与数据收集

学生按照设计好的实验方案进行实验操作，并记录实验数据。在实验过程

---

1 林芳兰. 高中化学实验教学中"问题式教学"的运用 [J]. 代教育（下旬），2021（5）：151 – 152.

中，学生需要注意实验操作的准确性和数据的可靠性。

（3）数据分析与结论得出

学生根据实验数据进行分析，得出相应的结论。他们需要运用所学的化学知识，理解实验现象背后的原理，并对实验结果进行合理解释。

（4）总结与讨论

学生对实验过程和结果进行总结和讨论。他们可以与同学分享自己的实践经验和发现，从而加深对化学知识的理解和应用。

（二）"问题引导—探究"式实验教学基本原则

1.引导式教学原则

（1）问题启发性原则

问题引导式教学更加关注对学生的启发，教师需要通过层层提问、层层引导的方式，激活学生思维，让学生能充分利用自己学到的知识，延续问题思路，找到解决问题的方法。

（2）问题目的性原则

教育教学活动本身具有一定的目的特征，教学活动是围绕特定的目标进行的，所以在问题引导中，教师也需要明确每个问题的目的，如让学生掌握相关知识点，帮助学生理解某个实验操作要领，等等，便于学生更加针对性地完成化学学习活动。

（3）问题广泛性原则

高中化学教师在课堂上设计问题时，需要面向全体学生，考虑到学生的能力、层次差异，针对不同学生设计出不同层次、类型的问题，从而满足每个学生的发展需求。如教师可以设计出判断型、描述型、分析型、比较型、创新型等问题，让学生能结合自己的实际情况选择问题进行回答，激活学生的主动性。

2.探究式实验教学原则

探究式实验教学注重培养学生的主体性、开放性和问题性思维，这些原则为学生的全面发展提供了重要保障。

在实验教学中，主体性原则是至关重要的。新课标要求教学过程中充分发挥学生的主体作用，将学生的综合发展和情感放在关键位置。在探究式实验中，教师应退居幕后，为学生构建良好的学习环境，让学生在主动学习和实践中提高自身的各项能力。教师应提供适宜的指导，引导学生克服学习中的困难，发挥自身优势，逐步提高自主学习能力。

开放性原则是探究式实验的重要特征之一。教师在设计探究式实验时应充分考虑学生的兴趣和爱好特征，鼓励学生开展各种新的尝试，促进学生的开放性思维。实验内容不能受到教材或知识等方面的限制，而应允许学生在实验中展现创新思维，发挥个性特点，从而实现实验创新。

问题性原则是探究式实验的核心。良好的问题能够激活学生的主动性，吸引他们的注意力，促使其产生思维认知冲突。在探究式实验中，教师应巧妙地设置问题，引导学生围绕问题展开实验操作，通过实验让学生对化学知识的本质产生热情。问题的设置应具有一定的挑战性和启发性，能够引导学生进行深入思考和探索。

（三）"问题引导—探究"式教学模式在有机化学实验教学的运用

1. "问题引导—探究"式实验教学模式的构建

"问题引导—探究"式实验教学模式是一种综合性的教学方法，它融合了问题引导教学和探究式实验教学的优点，旨在通过引导学生提出问题、制定实验方案并进行实验探究，从而促进其深度思考和综合能力的培养。

首先，构建"问题引导—探究"式实验教学模式需要遵循一定的基本流程。在教学开始阶段，教师应设置教学情境，结合与教材内容、学生认知相关的材料，构建与学生生活密切相关的特定情境，以激发学生的学习兴趣和主动性。接着，教师提出问题，这些问题应该与情境紧密相连，具有启发性和挑战性，能够引导学生对化学现象进行深入思考。然后，教师引导学生提出假说，根据已有的知识和信息，学生可以提出自己的猜测、观点，为后续的实验探究奠定基础。随后，教师指导学生制定实验探究方法，学生通过小组合作讨论，共同制定出论证自己猜测、观点的实验方案。在接下来的实验探究阶段，学生将根据制定的实验方案进行实验操作，并在实验过程中不断观察、思考，并针对存在的问题进行探索。最后，在归纳总结阶段，学生根据实验结果进行汇报交流，并共同归纳出结论，实现对学生综合能力的培养。

在高中化学教学中，教师可以充分利用"问题引导—探究"式实验教学模式来设计课堂教学活动。以有机化学为例，教师在讲解有机化学的内容时，可以先为学生呈现与生活相关的情境，引入与课堂内容相关的实际案例或问题，激发学生的兴趣。例如，在讲解溴乙烷的知识时，教师可以引入局部麻醉剂、塑料管等生活中常见的物体，引发学生对溴乙烷的认知。在提出问题阶段，教师可以根据学生的实际情况提出契合学生实际的问题，如如何检验溴乙烷的结构？在制定实验方案阶段，学生可以根据提出的问题，结合自身的知识体系，设计实验方案，例如通过无机物中的 Br- 对溴乙烷中的溴原子进行检验。在实验探究阶段，学生将根据制定的实验方案进行实验操作，并在实验过程中不断观察、思考，针对存在的问题进行探索和调整实验方案。最后，在归纳总结阶段，学生将根据实验结果进行汇报交流，并共同归纳出结论，实现对学生综合能力的培养。

总的来说，"问题引导—探究"式实验教学模式的构建需要教师在课堂教学中灵活运用，充分考虑学生的实际情况和认知特点，引导学生主动参与、开放探索、解决问题，从而实现对学生综合能力的全面培养。

2. "问题引导—探究"式实验教学设计

为了更好地分析高中有机化学教学中"问题引导—探究"式实验教学模式的应用路径，本文结合"苯酚的性质"相关知识展开分析。苯酚是有机化学中，烃的重要衍生物，酚类与醇类的官能团相同，都是羟基，但是学生由于个体差异，对酚类物质性质的学习存在比较大的差别，因此在教学中，教师可以从学生日常生活中比较常见的物质入手，结合生活构建问题情境，引领学生进行思考探究。

高中生学习酚之前，已经学过了苯、苯的同系物等结构性质，也掌握了醇的结构、性质等知识，在讲解苯酚的知识时，可以从学生已有知识体系入手，指引学生展开对比、猜测、讨论、实验等探究活动。

开始学习时，教师先从学生比较熟悉的医院入手，让学生回顾医院的病房中有没有一种特殊的气味，然后告诉学生这种气味就是酚的气味。接着教师利用多媒体将苯酚的结构呈现出来，并用投影仪展示苯酚软膏及其使用说明书，让学生思考该如何准确地区分酚类与醇类物质？猜测苯酚具有哪些性质？为什么苯酚软膏不能与碱性药物同时使用？色泽变红后为什么禁止使用？学生需要结合自身学到的知识，做出假设。随后教师对学生分组，各组学生相互交流假设意见，然后设计出相对应的论证实验方案。

实验一：探究苯酚的溶解性。学生将苯酚装进试管中，然后加入水，加热试管，观察现象，冷却后观察现象。学生通过观察可以发现，装有苯酚的试管中加入水后出现浑浊现象，加热后变得澄清，而冷却后再次变得浑浊。在实验过程中，教师还可以给出学生新的问题：苯酚的溶解性如何？在实验中手上不小心沾到苯酚，该如何处理？让学生结合实验思考问题，进一步巩固学生对知识的理解。

实验二：探究苯酚的酸性。准备若干个试管，加入同样量的苯酚溶液，随后在试管中分别加入石蕊试液、Na_2CO_3 固体、$NaHCO_3$ 固体、先加入 $NaOH$ 溶液后加入盐酸、金属钠、CuO 固体等，观察实验现象。

实验三：苯酚与溴水的反应。取少量苯酚稀溶液，慢慢加入浓溴水观察实验现象。随后取少量浓溴水，慢慢加入苯酚稀溶液，观察实验现象。

实验四：探究苯酚的氧化反应及显色反应。将苯酚暴露在空气中，观察现象；取少量苯酚溶液，加入 $FeCl_3$ 溶液，观察现象。

实验结束后，学生开展小组交流，共同总结苯酚的性质，从而加深学生的理解。

在教学中，教师将苯酚的性质教学设计成"问题引导—探究式"实验教学活动，让学生通过实验论证苯酚的各种性质，整个过程在培养学生的发散性思维上具有良好优势，并且学生借助实验操作，能将理论的知识学习转变成有趣的实验探究过程，学生可以借助实验深化自身对化学知识的感知，促进了学生化学核心素养的提升。需要注意的是，学生在实验过程中也会有一些意外，如有的小组在实验中没有成功，却可以主动记录下来，与教师进行讨论；但是也有的学生则是一直抓着不放，影响到后面实验的开展；还有的学生出现了直接放弃的状况。因此在今后的课堂教学中，教师既要关注学生的实验技能训练，还要指引学生科学合理地安排实验时间，指引学生认真记录实验现象，充分思考实验中的问题，满足学生综合发展所需。

三、项目式实验教学设计

项目式实验教学设计是一种以项目学习为核心的化学实验教学方法，旨在通过真实社会背景的项目研究，引导学生深入学习化学核心概念和原理，培养其解决实际问题的能力和创新思维。在开展基于项目学习的化学实验教学设计时，有以下几个关键步骤和策略。

（一）基于项目学习化学实验教学设计的原则

1. 真实性原则

真实性原则是指在教学设计中要体现学习内容、学习过程以及学习情境与真实世界、真实科学研究的联系。项目学习强调设置真实情境和问题，以任务驱动学生进行小组讨论、合作学习，解决与社会、生产、生活密切相关的问题。这种真实情境和真实问题能够激发学生的学习兴趣，促使其积极主动地参与学习，进而促进教师教学和学生学习的效率，培养学生乐学、好学的品质。化学作为一门科学学科，渗透于人类生活的方方面面，而化学实验则是验证化学知识和理论的过程，强调科学性与严谨性。因此，项目式学习以及化学实验教学设计都应遵循真实性原则。

第一，真实性体现在情境的真实存在。教师在设计项目学习时，应创设真实的情境来指导学生完成项目任务，让学生能够感受到生活中具有挑战性的问题，从而提高其解决实际问题的能力。例如，在学习化学实验时，可以设计与日常生活紧密相关的实验情境，让学生通过实验操作来解决或者探究一些真实的化学问题，如食品安全、环境污染等。

第二，真实性表现在学术真实上。教师应尊重学科内在的发展规律，像学科专家一样对学科内部的发展变化进行探索、总结、概括，并形成相应的研究成果。在项目式学习中，学生需要通过查阅文献、采集数据等方式来获取相关的学术资料，从而理解和解决项目中所涉及的学术问题。

第三，真实性还体现在过程的真实演绎上。教师应当鼓励学生进行探索和实践，让他们通过亲身实验、切身实践来深入理解化学知识。在教学设计中，教师应合理安排各种学习活动，如讲授、演示以及实验操作，以确保学生在学习过程中能够充分参与并获取实践经验。

第四，真实性还体现在表达上。学生在项目学习过程中提出的真实想法和建议是教师获得的第一手反馈信息，也是优化教学设计的重要依据。教师应当鼓励学生充分表达自己的观点和想法，并及时给予反馈和指导，以促进学生的学习和成长。

2. 知行合一原则

知行合一原则是指教学设计中要注重学生知识与实践的有机结合，将学科核心知识融入学生解决问题的实践过程中，以此促使学生的知识与行为相互融合、共建、内化。在项目学习中，学生不仅有机会展开思辨、解决实际问题和应用科学知识，同时也能够体验到一种创新性学习方法的示范。教师可以以真实的情境为背景，引导学生围绕项目的实践和探究进行协作式学习，使学生能够在亲身参与的过程中获得学习和成长的机会，并在此过程中，不断调查、发现和内化新的知识，最终建立起知识与行为之间的紧密联系。

将项目学习应用于化学实验教学中，教师需要注意以下几点：

第一，要结合课标和教材中化学学科的核心概念和知识，将其有效地融入项目学习中。在实验探究的过程中，学生参与实验前期准备、实验设计、实施实验等环节，从而加深对化学知识的理解和应用。

第二，学生在项目前期的理论知识储备是实现知行合一的基础。只有确保学生在实验前期具备丰富的理论知识基础，才能够在后续的实验设计和实施过程中将这些知识应用到实践中，并体会到知识的实际运用。

第三，驱动性问题能够激发学生的深度思考和学习行为。相对于普通问题，驱动性问题更为复杂和具有挑战性，能够促使学生产生深度学习的行为，将知识转化为实践并进一步内化。

第四，项目设计应具有一定的操作性，并符合学生的认知水平。教师在设置项目问题时，需要考虑驱动性问题的难度和操作性，确保学生能够在教师的指导下和相互合作的情况下完成任务，从而促使学生发生具体的实践行为，并最终完成项目产品，如研究报告、实际制作的产品、策划案等，通过这些产品有效地体现知行合一的理念。

3. 以学生为中心的原则

以学生为中心的原则强调在项目式学习中，学生是项目的绝对主体，教师在教学中的角色是见多识广的指导教练，是学生学习的引领者和组织者。项目学习是一种以学生为中心，重视学生实践和问题解决过程的学习模式。在化学实验教学中，虽然逐渐淡化学生实验和教师演示实验之间的界限，但是始终倡导学生亲自动手完成实验。实践性是化学学科的显著特征，学生通过自主实验和探究获取直接经验，并据此不断改进优化个人的实验方案，在这个过程中学生通过自主参与、主动思考、知识建构等能达到深度学习。因此基于项目学习的化学实验教学无疑要发挥学生学习的主动性，将学习的主导权还给学生。因此在教学设计中，教师要做到以下几点：

首先，在项目选择上，教师应充分了解学生，包括学生的知识基础、能力基础、兴趣爱好等，项目内容符合学生的知识技能发展水平，实际生活需要和发展需要，满足学生兴趣爱好。只有当学生的项目任务符合其最近的知识发展区域，并且与他们的兴趣和生活密切相关时，才能有效地激发学生对相关问题的探究和自我动力。

其次，在项目实施中，教师应做好"组织者"和"引导者"的角色。化学实验本就是一种带有实践性质的活动，针对化学实验的设计与实施，教师应该把主导权还给学生，不再像传统课堂那样牢牢拴住学生。教师应充分尊重学生的创造性思维和建议，积极给予必要的指导，鼓励学生开展自主实践，克服畏难情绪，支持学生在实验设计和实施过程中不断积累经验，基于经验对设计方案进行进一步的完善与改进，以实现实践中的深度学习。

最后，在进行项目评价时，评价方式不能太过于单一，比如不能只采用传统的纸笔测验对学生知识的学习情况进行考量，而要采用丰富的评价方式，项目学习强调学生的自主学习和合作学习，因此且应注重学生自我评价和小组互评。除了在项目选择、项目实施和项目评价中强调学生的主体地位，也要考虑到每一个学生的发展，由于个体之间的差异性，不是所有的学生是适用于同一种教学方式或学习方式，因此在教学过程中，除了考虑整体性，也要考虑学生的差异性。在整体的教学目标上遵循一致性，但是在任务设计时可以考虑到不同学生之间的差异而进行不一样的任务设计与分配。最终达到所有学生都获得发展，体现基于项目学习的化学实验教学的公平性。

4.合作性原则

合作性原则在教学设计中的重要性不可忽视。教师应考虑到团队合作，让社交成为学习的推动力。在众多领域，如教育、医疗、科研等，合作已经成为解决社会问题的常态。因此，在学生进行项目学习时，合作也成为反映项目真实性的一部分。随着世界的日益交融，问题的复杂性不断提高，学生需要学会理解多元观点、尊重文化差异，并在复杂知识之间建立联系。这些挑战强调了学生教育需要注重有效社交和协作能力的培养。

教师在进行教学设计时，应充分考虑将学生分为小组，让他们协作完成特定的项目任务。通过这个过程，学生能够潜移默化地培养集体责任感和团队协作能力。即使学生在完成自己的项目产品时是独立进行的，也应该伴有同伴的学习活动，并且需要学生相互之间提供有效的反馈意见。

教师在设计合作时应考虑两个方面：一是任务的难度是否需要通过合作来完成，复杂、难度较大的任务需要设计合作学习来完成；二是任务是否适合合作完成，即是否可能进行小组分工完成。

在合作中，学生能够培养责任意识和团队意识，意识到个人不是孤立的个体，每个人要为自己的学习成果负责，个人成果也会影响到他人的学习以及整个团队的学习。此外，学生还能认识到集体合作的高效性，懂得团队协作的重要性和价值。

（二）基于项目学习化学实验教学设计的特征

1.实现核心知识的再构建

学科核心概念与原理一方面是某一学科学习的主要内容，另一方面其是一种联系其他相关知识点的桥梁。因此核心知识的学习不仅仅是在课堂所把握的关键知识，也是一种在课堂学习之外，可以迁移应用并持久发展的上位概念，是能够使学生在忘却非本质或次要信息后，仍能灵活应用的关键概念性知识，可以看作是培养学生素养的重要媒介。

高中化学实验教学项目式设计的首要步骤是确定项目主题，因为高中化学学习离不开学生水平考试，离不开考试所带来的学习压力和教学压力，因此项目主题选取聚焦化学课程标准，当教师将项目与课程标准相对应，能确保这份项目学习经历是值得投入时间成本的。项目的设计应当超出简单的低层次学习目标，不能仅依赖一两节课程来完成，而是需要引入复杂的概念，涉及高阶思维能力，以满足课程标准的要求，也就是专注于那些可以让学生建立深刻的概念性理解的核心知识和原理，而不是仅仅停留在一些相对零散、易忘的东西。化学实验是对化学学科核心概念和原理的验证活动，将项目学习融入化学实验教学中，为学生创造了解决实际的化学问题的机会，激发学生通过自主探究、设计并进行化学实验去完成项目任务。在整个过程中，学生一次又一次地建立知识和行为之间的联系，在实践与实验中掌握基本知识，训练基本技能，综合运用多方面的知识，并能灵活地迁移到新的情境，产生新的知识，以达到核心知识的再建构，发展学生的学科核心素养。高中生面临着定期举行的水平考试，涉及半期考试和期末考试等较大型考试，针对的是特定的学习目标，而项目式学习是建立在学生原有课程学习之上的，将项目式学习和学区的强制要求整合起来是必须做到的，也是可以做到的，但这需要教师的精心设计。教师应该仔细地针对课程标准进行指导，在这样的指导下，学生不仅可在标准化考试中获得良好成绩，而且能够在现实世界中的实际项目中取得令人瞩目的表现。例如，《我是米酒酿造师》这个项目要阐述的是"多糖、单糖等有机化合物的性质及其转化""蒸馏的注意事项"的事实性知识和"蒸馏操作程序"的程序性知识，而这些知识和概念可与化学核心概念和原理相联系，并与"化学知识服务于人类""科学知识可用于技术和产品"这个科学观念紧密联系，使得学生在学习过程中知行意三者合为一体。[1]

可见，基于项目学习的化学实验教学设计应以化学学科核心概念和原理为指导，紧密围绕核心知识，融合跨学科知识，充分联系相关基础知识和基本技能，最终将其融入合适的项目主题中。这一设计方法旨在提高实验教学的教育效果，并推动学生的全面发展。为了在教学中实现核心知识的再构建，教师在将项目学习应用于化学实验教学中时，首先要分析学生所需要掌握的知识和技能材料；其次，要考虑如何教授这些技能和概念；最后，从课程标准出发，逆向绘制整个学年的课程规划图。

2. 指向高阶思维的驱动性问题

化学科学在人类生产生活、科学研究中广泛应用，涉及能源、生命、材料等科学领域，化学科学需要解决人类所面临的环境保护、资源紧缺和利用、粮食生产、工艺生产等各类社会、生活、科技问题。化学学科学习所面向的问题往往是从化学科学所需要解决的复杂问题中所提取的最基础、最核心的概念和原理，这些问题又需要进一步地通过化学实验进行验证，因此化学实验问题往往是指向学生高阶思维发展的问题。化学问题往往是由学科核心概念和原理所建构的问题，在化学问题解决中，学生能克服障碍并发现问题的答案，能掌握具有持久和迁移

1　李燃，林红焰，闫如月，刘伟华.高中化学"物质转化及反应调控"项目式学习——我是米酒酿造师[J].化学教育（中英文），2023（03）：46-53

价值的核心概念、原理和方法，不但能把握学科的主要内容，并能有效地联系其他概念。将项目式学习融合于化学实验教学中，关键点在于将学科核心知识和重要原理建构成驱动性的化学问题。学生在教师的指导下，通过展开探究活动，自主构建概念，并训练和运用具有化学特征的思维方式，从而加强对于核心概念和原理的理解和应用，使得相关学科的知识得到显性化。以化学问题为导向，驱动学生进行实验的设计、仪器和药品的选取、实验的操作以及实验结论的分析和交流。在这个过程中，学生不仅完成了相关实验，也从这个过程中体会和领悟科学探究的基本过程。学生通过各种途径获取信息，如阅读、网络查询和实验观察等，进而运用所获得的信息进行数据处理和分析。根据收集到的证据，进行推理判断，完成模型构建，能够有效地提高学生的科学探究和创新能力，同时培养证据推理和模型认知等专业核心素养。在"探秘制碱工业"项目化学习中，设计的三个驱动性问题层层递进，从自然界到工业再到实验室模拟工业制备碳酸钠。[1]这些驱动性问题符合学生认知水平的发展规律，由简单到复杂，由低到高，有效整合了低阶学习和高阶学习，让学生通过低阶学习发展收集、整理等一般思维，逐步走向发展"实验探究""问题解决""创造创新"等高阶思维的高阶学习。

可见，核心素养导向下，基于项目学习的化学实验教学设计，通过注重营造真实情境下的驱动性化学问题，激发学生的学习兴趣，提高学生的学习热情和积极性，进而构建有益于学生学习动机培养的教学环境，使其主动投身思考与实践。教师在教学设计中，要严格把控驱动性问题的质量，其质量直接影响教学和学习过程和最终产品。高质量的驱动性问题除了具有真实的属性，其也要指向发展与培养学生的高阶思维。教师在设置驱动性问题的时候需要考虑"以始为终"，即在开始的时候考虑好最终的结果和中间的过程，因此，在保障设计可行性的前提下，项目应具备一定的挑战性，以促进学生深入学习，拓展高阶思维发展。

3. 强调教学情境的真实性

化学是一门基础自然科学，致力于研究物质的组成、结构、性质、应用以及其之间的相互转化情况。学科所涉及的概念和原理需要通过实验进行验证，即使是当下理论化学和计算化学的盛行，也无法改变化学是一门实验科学的事实。化学反应时时刻刻发生于生活的每一个角度，与各个领域相联系，与人类生活相关。在化学实验教学中要注重真实问题情境以及学生学习过程中的真实体验。切身解决真实情境下的问题，能建立学生与科学技术、生活之间的联系，培养学生的科学精神，使其对化学科学有正确客观地认识，同时发展学生的社会责任感。

1 陈懿，陈静.高中化学项目化学习设计的实践和探索[J].化学教学，2022（1）：27-32.

　　将项目学习融入化学实验教学中，教师更应该挣脱"以教材为本"的束缚，做到以教材中的内容为参考，紧跟时代潮流，合理选择一些新闻事件和热点技术中所涉及的社会发展、生产生活的热点问题，将真实情境下的化学问题引入化学课堂。这些社会生产生活情境能激发学生学习化学的求知欲，使学生产生将自己所学的知识和技术真正应用于解决生活中的化学问题的强烈渴望。比如学生关注雾霾天气的治理、水污染的原因和治理、月球是否适合人类居住、白酒的生产工艺等，这些化学问题的选取都是基于真实情境，在教学过程中，通过指导学生挖掘真实情境背后蕴含的化学知识，并深入分析其对人类的生产和生活可能带来的影响，有助于提升其对化学领域的理解和对化学知识和技能的应用能力。

　　开展基于项目学习的化学实验教学除了强调问题情境的真实性，也要强调学生活动的真实体验。化学是一门实验科学，中学所涉及的化学概念和原理往往都是需要化学实验进一步验证，因此在课堂上任何一个概念、原理仅仅依靠单薄的讲授并不足以让学生信服，化学教学大多数是需要在化学实验室中进行的，但由于学校资源的不足、教师实验教学技能和素质的欠缺等原因，化学实验教学往往不是理想的状态。无论是教师进行实验演示还是学生实验都具有一定的实践性和真实体验性。在学生进行化学实验时，须根据化学实验的特定目的，运用适当的化学仪器设备和装置，在实验条件下将实验对象的状态与性质进行改变，这样才能获取化学实验的各类实际数据，从而获得各种化学实验事实；教师进行演示实验，学生可以进行观察、记录实验结果。

4. 设置开放性的项目任务

　　在化学实验教学中，尤其是演示讲授模式下，教师在教学中给出相关的学习任务，无论是内容的开放性，还是陈述方式的灵活性都稍有欠缺。比如章节编码"实验 X-X"，通常平铺直叙地在教材上呈现实验目的、实验步骤，再设置相关的观察任务或操作任务，学生在实验课中可以通过多种不同的方式获得实验知识，这包括观看由教师播放的实验视频、实验演示、自行操作实验、听取教师讲解和阅读教材等。化学实验所需要的仪器、药品，如何进行操作、需要记录什么，这种简单而被动的学习任务难以调动学生理解、思考等高阶思维能力，从而使化学实验教学的知识停留于学生的知晓层面，并随着时间的流逝，逐渐消失。项目式学习的驱动力是问题，问题源于真实情境，学生学习过程中，将问题拆分为各式各类的任务，这些任务内容有所差别，表述以及任务解决的方式方法也是多样的，所有任务的解决其最终指向提升学生解决问题的能力。结合海伦提出的活动水平理论及教学实践观察，发现高水平的探究活动是培养学生探究能力的有力手段之一，此外，任务开放度亦会直接影响学生的创造力。[1]因此在教学设计中，设置开放性任务，教师不必设定标准答案，让学生知道方案并不是唯一的，学生不断将自己的方案升级发展，这样的过程是一个创新创造的过程。开放性的任务设置同时也印证了学习方式的多样性，在项目中可以实施各式各样的学习方式开放性地解决问题，而不是简单地接受单一的学习方式。在教学中，教师不能浅层化理解核心素养，不能把化学核心素养简单地转化成"宏观、微观、变化、平衡、模型、推理、实验"等知识内容进行讲授，离开了科学、正确的化学学习过程和学习方式就无法形成化学核心素养。

可见，基于项目学习的化学实验教学以学生为主导，教师必须积极引导和有效组织学生主动参与多样化的学习活动，比如社会实践、交流讨论、辩论等，学生在各式各样的学习活动中形成自主、合作、探究等多样化的学习方式。在学习过程中体验化学实验探究的过程，自主获取化学学科概念和原理，运用化学特征的思维方式分析和解决实际问题。

5. 引导学生持续地学习实践

引导学生持续地学习实践是高中化学实验教学资源开发中的关键策略之一。学科核心素养的发展是一个渐进的过程，需要学生不断地进行实践并将所学知识运用到实际中。因此，基于项目学习的化学实验教学设计应该紧密结合学科核心素养的内涵，以及学生已有的经验和知识，通过设置螺旋上升的学习任务，引导学生不断地进行学习实践，从而促进其化学学科核心素养的提高。这样的设计既能够让学生逐步建立对化学概念和原理的深刻理解，同时也能够培养其解决复杂问题的能力和实践操作的技能。

在进行基于项目学习的化学实验教学设计时，教师应该设置满足学生化学思维发展的高阶学习活动，这些活动要按照真实的解决现实问题的逻辑顺序进行组织。通过引导学生解决复杂问题，让他们进行持续性地研究，并且在这个过程中不断地进行实践操作，从而实现对所学知识的内化和实际运用能力的提升。例如，在教学案例《探究食品脱氧剂中的化学问题》中，学生在探究食品脱氧剂的成分、脱氧原理以及能量转化形式时，不仅仅停留在浅层的知识点，而是通过项目学习活动，深入探讨氧化还原反应、电化学腐蚀等相关知识，从而达到对核心概念和原理的更深层次理解的目的。

整个教学过程应以化学核心概念和原理为主题，以跨学科知识和技能为支撑，贯穿持续、多元地学习实践。学生在一系列源于真实情境的、具有复杂性和

1　相红英. 项目式学习在化学教学中的实践研究 [J]. 化学教育（中英文），2022（16）：61-64

挑战性的问题驱动下，不断地进行信息收集、推理分析、实验探究，并最终指向创新创造的产品。这样的项目学习设计能够激发学生的学习兴趣，促使他们在不同维度和层次上的学习持续发展，从而更好地掌握化学核心概念和原理。

通过将项目学习应用于化学实验教学中，可以帮助学生理清核心概念的偏差、建立相关化学核心概念和原理的高阶学习。这种学习方式不仅能够帮助学生深入理解化学知识，还能够培养其解决问题的能力和创新思维，从而为其未来的学习和工作打下坚实的基础。

第三节　开发过程中的评估与反馈机制

一、教学资源评估

（一）专家评审

在教学资源开发的早期阶段，专家评审扮演着至关重要的角色。这些专家通常是拥有丰富的教学经验和深厚学术背景的教育专家、学科专家或者教育技术专家。他们可以从多个角度对教学资源进行全面的评估，确保其质量和有效性。

专家评审应该包括对教学资源的教学理念、教学设计、知识覆盖、学习活动等方面进行评估。专家们将根据自己的专业知识和经验，评估教学资源的教学目标是否明确、教学内容是否准确、学习活动是否丰富多样、教学方法是否合理有效等方面。

此外，专家评审也可以从实践操作的角度出发，评估教学资源的可操作性和实施性。他们可以检查资源的实际操作步骤是否清晰明了、实验设计是否科学合理、实验器材是否易于获取等方面的情况。

（二）教师试用

教师试用是教学资源评估的重要环节，通过教师的实际使用情况来评估教学资源的有效性和可操作性。在教学资源初步完成后，可以邀请一些具有代表性的教师群体进行试用。

教师试用可以帮助评估资源在实际教学环境中的适用性和效果。参与试用的教师将根据自己的教学需求和学生特点，使用教学资源进行实际教学活动，并及时反馈使用体验和效果。

教师试用过程中，可以关注教师对教学资源的使用情况、教学效果以及存在的问题和建议等方面的反馈意见。这些反馈将为后续的改进和优化提供重要参考，帮助提升教学资源的质量和实用性。

（三）学生反馈

学生反馈是评估教学资源的另一个重要途径，因为学生是直接受益者，他们的反馈能够直接反映教学资源的实际效果和学习体验。因此，收集学生的反馈意见对于评估教学资源的质量和有效性至关重要。

学生反馈可以通过多种方式进行收集，包括课堂问卷调查、小组讨论、个别面谈等形式。在收集学生反馈意见时，可以关注学生对教学资源内容的理解程度、学习兴趣的激发程度、学习动机的提升程度等方面的情况。

二、反馈收集与处理

（一）反馈收集机制建立

建立有效的反馈收集机制是确保教学资源评估有效性的关键一步。这需要明确收集反馈意见的渠道和方式，以确保反馈信息的及时性和全面性。

1. 在线问卷调查

设计针对教师和学生的在线问卷（附录一），涵盖教学资源内容、使用体验、教学效果等方面的问题，通过网络平台发送问卷链接，方便快捷地收集大量反馈意见。

2. 面对面访谈

定期组织面对面的访谈（附录二）或焦点小组讨论，与教师和学生进行深入交流，了解他们对教学资源的看法和建议，同时可以更加直观地感知他们的情感和态度。

3. 电子邮件

提供电子邮件地址，接收教师和学生的意见反馈，这种方式适合于那些更愿意私下表达意见或者对特定问题有详细建议的人群。

（二）反馈意见分析

收集到的反馈意见需要进行系统分析和整理，以便更好地理解问题的本质和影响因素，为后续的改进工作提供依据和方向。

1. 分类整理

将收集到的反馈意见按照不同方面进行分类，如资源内容、教学方法、技术支持等，以便更好地了解问题的来源和性质。

2. 问题深入分析

对每个分类下的反馈意见进行深入分析，探究问题的根源和可能的影响因素，确定问题的优先级和紧迫性，为制定改进方案提供依据。

（三）反馈意见处理

根据反馈意见的分析结果，制定相应的改进方案和措施，以解决问题和提升教学资源的质量和效果。

1. 资源内容问题

对于涉及资源内容的问题，可以进行修改和更新，补充或修正不准确或过时的信息，以确保资源的准确性和时效性。

2. 教学方法问题

针对教学方法的问题，可以调整教学策略和方法，采用更适合学生学习需求和特点的教学方式，提升教学效果。

3. 技术支持问题

对于涉及技术支持方面的问题，需要及时解决技术难题和故障，确保教学资源的正常运行和稳定性。

三、持续改进与更新

（一）改进方案实施

根据反馈意见的处理结果，及时实施改进方案是持续改进教学资源的关键一环。这需要教育工作者采取具体措施，对教学资源进行修订和优化，以提高资源的质量和适用性。

1. 资源修订和优化

根据收集到的反馈意见，对教学资源进行必要的修订和优化。这可能涉及更新内容、改进设计、修正错误等方面的工作，以确保资源能够更好地满足教学需求。

2. 功能完善

除了内容上的改进，还可以考虑对教学资源功能进行完善。例如，增加交互式元素、提供个性化学习路径、优化用户界面等，以提升用户体验和资源的实用性。

（二）持续跟踪与监测

持续跟踪教学资源的使用情况和效果，监测改进方案的实施效果至关重要。通过定期的评估和反馈收集，能够及时发现教学资源存在的新问题和不足之处，从而进行调整和改进，保持资源的更新和完善。

1.评估效果监测

设立一套评估机制，定期对教学资源的使用情况和教学效果进行评估。可以通过定量数据（如访问量、点击率、学习成绩等）和定性反馈（如问卷调查、用户意见收集等）来获取信息，从而全面了解资源的使用情况和效果。

2.问题发现与解决

及时发现教学资源存在的问题和不足之处，采取针对性的措施进行调整和改进。这可能需要进一步收集意见、深入分析问题，并制定具体的解决方案，以确保资源持续改进和优化。

（三）定期更新与发布

定期对教学资源进行更新和发布，是保持资源内容的及时更新和丰富化的重要手段。这需要紧跟学科教学内容的变化和教育政策的调整，对资源进行定期的更新和优化，以保持资源的前沿性和适用性。

1.更新频率规划

制定更新计划，明确更新频率和时间节点，确保教学资源的持续更新和发布。可以根据学科教学大纲的调整、新知识的涌现以及教学需求的变化等因素，合理安排更新时间。

2.内容丰富化

在更新过程中，不仅要关注内容的更新，还要注重内容的丰富化。可以通过增加新的案例、引入前沿研究成果、提供实践操作指导等方式，使教学资源内容更加丰富多样，满足不同学生的学习需求。

第六章　高中实验教学资源的设计与开发

第一节　实验教学资源设计的实例分析

一、实验教学资源设计的重要性

实验教学资源设计是高中化学教学中至关重要的一环。合理的实验设计能够激发学生的学习兴趣，促进他们的实践能力和创新思维的培养。下面将通过一个具体的实验设计案例，深入分析实验教学资源设计的关键点和特点。

二、实验设计案例：酸碱中和反应的实验

（一）实验目的与原理

实验目的：通过观察酸碱中和反应，掌握中和反应的基本原理和方法。

实验原理：酸和碱在适当的条件下混合会产生中和反应，生成盐和水。中和反应是一种常见的化学反应，是酸碱反应的一种特例，其化学方程式通常表示为：酸＋碱→盐＋水。

（二）实验材料与器材

盐酸（HCl）溶液

氢氧化钠（NaOH）溶液

酚酞指示剂

烧杯、试管、滴管等实验器材

（三）实验步骤

准备工作：取两个烧杯，标记为烧杯 A 和烧杯 B，准备好盐酸和氢氧化钠溶液，准备酚酞指示剂。

添加指示剂：在烧杯 A 中加入少量的酚酞指示剂，待其溶解。

滴加氢氧化钠溶液：使用滴管从烧杯 B 中滴加氢氧化钠溶液到烧杯 A 中，

同时轻轻搅拌。持续滴加，观察溶液的变化。

记录数据：当溶液颜色发生明显变化并保持稳定时，停止滴加，并记录下滴加的氢氧化钠溶液体积。

观察与记录：观察实验现象，记录实验结果，包括溶液颜色变化、溶液体积变化等。

（四）实验结果与讨论

观察结果：实验过程中，观察到酸碱中和反应发生。最初，盐酸溶液为无色，加入酚酞指示剂后呈现淡粉红色。随着氢氧化钠溶液的滴加，溶液颜色逐渐变深，最终变为明亮的粉红色。

数据记录：记录中和反应时所滴加的氢氧化钠溶液体积。根据滴定量，可以计算出酸和碱的化学计量比，进而推算出反应的化学方程式。

实验讨论：实验结果表明，酸碱中和反应是一种快速而明显的化学反应。酸中和碱生成盐和水的过程是一种常见的化学现象，具有广泛的应用价值。

（五）实验扩展与应用

这个实验不仅可以帮助学生理解酸碱中和反应的基本原理，还可以作为其他化学知识的引入点，如溶液浓度的计算、滴定反应的原理等。通过调整实验条件和材料，还可以进行相关实验的扩展，如测定不同酸碱溶液的浓度、研究中和反应的速率等。

通过这个实验设计的案例，学生可以通过实际操作深入理解酸碱中和反应的原理和过程，掌握实验技巧和数据记录方法，培养实验思维和科学素养。同时，这个实验也为学生今后更深入地学习化学打下基础。

三、实验教学资源设计的关键点

实验教学资源的设计是教学工作中至关重要的一环，其质量和效果直接影响学生的学习效果和兴趣。以下是设计实验教学资源时需要重点考虑的关键点。

（一）明确实验目的和原理

实验设计的首要任务是明确实验的目的和原理。只有明确了实验的目标，才能有针对性地选择合适的实验内容、材料和方法。同时，深入理解实验原理有助于教师更好地解释实验现象，指导学生理解实验结果。

（二）选取适当的实验材料和器材

选择合适的实验材料和器材是实验设计的关键一步。必须确保选用的材料和器材能够满足实验的需要，并且要符合安全操作的要求。同时，还需要考虑实验材料的易获取性和成本问题，以便于实验的开展和推广。

（三）设计清晰的实验步骤

实验步骤应该简明清晰，让学生能够清晰地了解实验操作过程。每一个步骤都应该具体明确，包括操作顺序、操作方法和操作注意事项等。清晰的实验步骤有助于提高实验的成功率和效果，减少操作失误的可能性。

（四）引入适当的辅助手段

在实验教学中，引入适当的辅助手段能够更好地帮助学生理解实验现象和原理。例如，可以使用示波器、计算机软件等现代化设备，或者引入颜色指示剂、电子器件等辅助工具，使实验过程更加直观、生动。

（五）结果分析与讨论

实验设计还需要考虑实验结果的分析和讨论环节。通过引导学生对实验结果进行分析和讨论，可以帮助他们深入理解实验现象背后的化学原理，培养他们的科学思维和分析能力。同时，还可以促进学生之间的交流和合作，加深对实验内容的理解和记忆。

综上所述，实验教学资源的设计关键点包括明确实验目的和原理、选取适当的实验材料和器材、设计清晰的实验步骤、引入适当的辅助手段以及结果分析与讨论。只有在这些关键点得到充分考虑和落实的情况下，实验教学资源才能够达到预期的教学效果，促进学生的学习和成长。

第二节　实验教学资源开发的实践案例

一、实验教学资源开发的背景与需求

在高中化学教学中，实验教学一直扮演着不可或缺的角色，它不仅能够帮助学生将课堂理论知识与实际操作相结合，还能够培养他们的动手能力、实验设计能力以及科学思维方式。然而，随着课程标准的不断更新和教学理念的不断深化，教师们常常面临着实验器材不足、实验操作复杂等问题，这直接影响了教学质量和学生的学习兴趣。

为了解决这一问题，我们决定开发一系列简单易行、富有趣味性的实验教学资源，以提高教学效果和学生的学习兴趣。针对配制一定物质的量浓度的溶液这一实验内容，我们选择了开发教学资源。这一选择的背景是因为配制溶液是高中化学实验中的基础，它是学生初次接触定量分析的重要环节，也是培养学生实验技能和科学思维的关键之一。

通过开发针对配制一定物质的量浓度溶液的实验教学资源，我们旨在解决以下几个方面的需求：首先，简化实验操作流程，使其更易于理解和掌握，从而降低学生的操作难度，提高实验成功率；其次，通过设计富有趣味性的实验内容和形式，激发学生的学习兴趣和主动参与性，使他们更加愿意投入到实验教学中；最后，通过充分利用现代化技术手段，如多媒体教学、虚拟实验等，拓展实验教学的形式，提高教学效果和学习体验。

因此，我们将结合课程要求和学生的实际情况，精心设计和开发针对配制一定物质的量浓度溶液的实验教学资源，以期在提高教学效果的同时，激发学生对化学实验的兴趣和热情，促进他们全面发展。

二、配制一定物质的量浓度溶液的实践案例

（一）教材实验分析

在高中化学必修课程中，配制一定物质的量浓度的溶液实验被视为学生必须完成的首个实验项目，也是他们首次接触定量实验的重要环节。这一实验的意义不仅在于培养学生的实验技能，更在于深化他们对物质的量浓度概念的理解，以及掌握溶液配制的基本方法和操作技能。

通过参与溶液配制的过程，学生得以亲身体验化学实验的乐趣与挑战，从而培养严谨求实的科学态度。他们不仅需要理解溶液配制背后的化学原理，还需掌握实验操作的精确性。这一过程不仅是对课堂知识的延伸，更是对科学方法论的贯彻和实践，有助于学生逐步建立科学探究的思维模式和工作方式。

在实验中，学生需要按照一定的比例配制溶液，这要求他们具备一定的计算能力和逻辑思维能力。通过实验操作，学生不仅可以加深对物质的量与浓度之间关系的理解，还能够掌握化学计算方法，并且了解到实验中可能存在的误差和不确定性，培养他们分析和解决问题的能力。

此外，配制溶液的实验还有助于促进学生的"科学探究与创新意识"和"模型认知"等化学学科核心素养的发展。在实验过程中，学生需要根据实验现象和数据进行分析和推理，形成自己的模型和理论，从而培养他们的创新思维和科学思维能力。同时，通过对实验结果的观察和分析，学生还能够逐步认识到科学研究的不确定性和变化性，培养他们审慎思考和科学推断的能力。

（二）学情分析

学生在接触配制一定物质的量浓度的溶液实验时，已经具备了一定的化学基础知识，包括对物质的量浓度概念的理解以及配制一定质量分数的溶液的基本原理和方法。然而，在理解配制一定物质的量浓度的溶液实验原理以及容量瓶在实验中的作用方面，学生面临较大的困难。他们可能倾向于机械性地记忆实验步骤和注意事项，而缺乏对实验意义和必要性的深刻认识。此外，一些学生可能在移液、定容等实验操作上遇到一定的困难。

通过配制一定物质的量浓度的溶液实验，学生有机会深入理解精确配制溶液的原理和意义，并认识到容量瓶在此过程中的关键作用。在实验中，他们将掌握配制溶液的基本技能，包括计算、称量、量取、溶解和稀释等操作。更重要的是，他们将能够自主建构配制溶液的思维模型，理解配制原理并将其应用于具体实验操作中。此外，通过对实验数据的分析和误差评估，学生将逐步培养定量分析的能力，从而提高实验的准确性和可靠性。

（三）教学目标

1.根据物质的量浓度的概念，对比配制一定质量分数的溶液的实验原理及方法，探究配制一定物质的量浓度的溶液的实验方案，发展学生基于实验目的和实验原理设计实验方案的能力。

2.认识容量瓶在溶液配制中的作用及使用方法，理解精确配制溶液的原理及其各操作步骤的意义与必要性。

3.通过利用不同存在形式的溶质配制溶液，自主建构配制一定物质的量浓度溶液的思维模型。

4.通过对实验过程中的不当操作进行误差分析，深化对物质的量浓度概念的理解，培养定量分析的能力。

（四）评价目标

1.通过对配制一定物质的量浓度的溶液的探究实验方案设计的交流与点评，诊断并发展学生基于实验目的与实验原理设计探究实验方案的水平。

2.通过对学生配制一定物质的量浓度的溶液实验操作过程的观察与指导，诊断并发展学生对配制原理和各配制步骤的意义与必要性的认识水平以及使用容量瓶等实验仪器精确配制溶液的实验操作水平。

3.通过对实验过程中的不当操作可能对所配溶液浓度的影响的分析、讨论与点评，诊断并发展学生实验误差分析的能力。

（五）教学重点和难点

1.教学重点

（1）理解一定物质的量浓度的溶液的配制原理，认识容量瓶在溶液配制中的作用。

（2）掌握容量瓶等常规仪器的使用方法及配制溶液的基本步骤，训练溶液配制的基本实验技能。

2.教学难点

（1）正确理解一定物质的量浓度的溶液的配制原理及配制过程中各操作步骤的意义和必要性。

（2）能根据物质的量浓度的概念，结合具体实验操作，分析可能存在的实验误差。

（六）实验仪器及药品

实验仪器：托盘天平、量筒、玻璃棒、烧杯、容量瓶、胶头滴管等

实验药品：胆矾固体、蒸馏水

（七）教学过程

1.创设真实的实验情境，探究配制一定物质的量浓度的溶液的实验原理

【导入】上节课我们学习了一种新的表示溶液浓度的方法——物质的量浓度。在生产和科学研究中，根据实际需要，量取一定物质的量浓度溶液的体积是非常方便的。那我们如何在实验室配制一定体积、一定物质的量浓度的溶液呢？

【任务情境】实验室现需要 100mL 1.00mol/L $CuSO_4$ 溶液，请结合所学的相关知识，选择合适的实验仪器及实验操作方法，利用胆矾（$CuSO_4 \cdot 5H_2O$）固体配制溶液。

【学生】思考，讨论交流。

【提问】完成此实验的关键在于确定哪两个物理量？

【学生】所需胆矾固体的质量和溶液体积。

【追问】如何确定所需胆矾固体的质量？会用到什么实验仪器？

【学生】首先根据所需 $CuSO_4$ 溶液的体积（100mL）和溶质的物质的量浓度（1.00mol/L），计算出所需溶质 $CuSO_4$ 的物质的量（0.1mol），再乘以胆矾（$SO_4 \cdot 5H_2O$）的摩尔质量（250.0g/mol），计算出所需胆矾固体的质量（25.0g）；用天平进行称量。

【讲解】精确称量固体药品应用分析天平，考虑到中学实验室的实际情况，

我们一般用托盘天平（或电子天平）替代。

【过渡】确定好所需胆矾固体质量以后，用什么方法确定溶液的体积是100mL 呢？

【学生】小组讨论确定溶液体积的方案。

方案一：先用 100mL 量筒量取 100mL 蒸馏水加入烧杯中，再加入称量好的胆矾固体，用玻璃棒搅拌溶解。

方案二：先根据胆矾固体的密度，计算出 25.0g 胆矾固体的体积，再用溶液体积减去胆矾固体的体积，得到所需蒸馏水体积。用量筒量取所需体积的蒸馏水，加入烧杯中，再加入胆矾固体，用玻璃棒搅拌溶解。

方案三：先将称量好的胆矾固体加入烧杯中，加入适量蒸馏水，用玻璃棒搅拌溶解，再继续加水（边加边搅拌）至 100mL。

【教师】请同学们相互讨论交流，评价各方案是否合理可行。

【学生 1】100mL 蒸馏水中加入称量好的胆矾固体，搅拌溶解后，所得溶液的最终体积肯定会发生变化，不再是 100mL，因此方案一显然不合理。

【学生 2】感觉方案二也不太可行，需要知道胆矾固体的密度，计算起来也可能比较麻烦……

【学生 3】方案三不仅操作简单，而且能有效保证溶液最终体积为 100mL，因此方案三合理且可行。

【点评】同学们对方案一和方案三的认识很到位，找到了问题的关键所在。请同学们对比初中所学过的配制一定溶质质量分数的溶液的实验原理），进一步思考方案二中将胆矾固体（溶质）体积与蒸馏水（溶剂）体积简单相加视作溶液体积的做法，是否合理？

【学生】溶质溶解于溶剂（蒸馏水）形成溶液的过程中，溶液的质量始终等于溶解前溶质质量与溶剂（蒸馏水）质量之和，而溶液的体积却不等于溶质体积与溶剂（蒸馏水）体积的简单相加，会发生改变，因此方案二也不可行。

【总结】同学们的分析很准确，认识到了溶解过程中质量守恒但体积不守恒这一关键点。事实上，方案三即为正确的配制思路。先加适量水溶解溶质，再继续加水（边加边搅拌）至溶液的最终体积为 100mL。

【过渡】方案三的实验方法合理，操作也简便，但由于烧杯口径较大，精确度较低，用烧杯确定溶液的最终体积误差较大，因此方案三只适用于粗配一定物质的量浓度的溶液。其实，为了在配制一定物质的量浓度的溶液过程中精确确定溶液的最终体积，我们专门设计出了一种实验仪器——容量瓶。

【展示】几种常用规格的容量瓶

【学生】自主阅读教材中相关的"资料卡片",了解容量瓶及其使用注意事项。

【强调】容量瓶使用时的注意事项及选用原则("大而近")设计意图:通过创设真实的实验情境,提出实验过程中需要解决的关键问题,引导学生思考和探索解决问题的方法,提升学生基于实验目的与实验原理设计实验方案的能力,深刻体会一定物质的量浓度的溶液的配制原理,认识容量瓶在溶液配制过程中的作用,促进学生"科学探究与创新意识"素养的发展。

2.动手练习配制一定物质的量浓度的溶液,理解各操作步骤的意义及必要性

【引入】我们已经明确了配制一定物质的量浓度的溶液的实验原理以及容量瓶在溶液配制中的作用,那具体需要哪些操作步骤才能得到所需溶液呢?请同学们阅读教材关于此实验的实验步骤,思考每一步操作的意义及必要性,并回答教材提出的"思考与讨论"的问题。

【学生】自主阅读教材相关实验的内容并思考;回答"思考与讨论"的有关问题。

【讲解】准确配制一定物质的量浓度的溶液的注意事项:

(1)尽可能确保溶质全部转移到容量瓶中;

(2)确保在向容量瓶中加水的过程中,溶液的凹液面的最低处不超过容量瓶的刻度线。

【演示实验】配制 100mL 1.00mol/L $CuSO_4$ 溶液

【学生】边观看教师示范实验操作,边听讲。

【学生实验1】小组合作,练习用胆矾固体配制 100mL 1.00mol/L $CuSO_4$ 溶液。

【教师】巡回指导,及时纠正学生的错误实验操作,对学生在实验过程中遇到的困难和问题给予及时帮助。

【提问】(1)玻璃棒在本实验中有哪些作用?如何规范进行移液操作?(2)两次"摇匀"的目的是什么?有何不同?

【学生】讨论交流,回答问题。

【总结】请同学们归纳总结用固体试剂配制一定物质的量浓度的溶液的基本步骤。

【回答】计算、称量、溶解、(冷却至室温)、移液、洗涤(移液)、平摇振荡、定容、颠倒摇匀、装瓶贴签。设计意图:通过自主阅读配制一定物质的量浓度的溶液的实验步骤并思考回答教材"思考与讨论"的有关问题,认识溶液配制过程中的关键,通过教师演示示范,学生用有色物质胆矾(蓝色)练习配制一定物质的量浓度的溶液,深刻体会配制过程中每一步操作的意义与必要性,初步形

成配制一定物质的量浓度的溶液的一般思路。

　　3.用浓溶液配制稀溶液，建构一定物质的量浓度的溶液的配制模型

　　【过渡】前面我们已经学会了用固体试剂配制一定物质的量浓度的溶液，那除了用固体试剂，还能用其他存在形式的试剂来配制溶液吗？

　　【学生】还可以通过将浓溶液稀释来配制不同浓度的稀溶液。

　　【提问】同学们的回答非常准确。如果我们现需要 100mL 0.50mol/L $CuSO_4$ 溶液，如何用前面所配制的 1.00mol/L $CuSO_4$ 溶液去配制呢？

　　【学生】取一定体积的 1.00mol/L $CuSO_4$ 溶液，加蒸馏水稀释成 100mL 0.50mol/L $CuSO_4$ 溶液。【追问】那如何计算所需浓溶液（1.00mol/L $CuSO_4$ 溶液）的体积呢？提示：类比一定溶质质量分数的溶液稀释前后，溶质的质量不变。

　　【学生】根据稀释前后溶质的物质的量不变，计算所需浓溶液体积。

　　【讲解】稀释定律：c（浓溶液）·V（浓溶液）=c（稀溶液）·V（稀溶液），适用于溶液的稀释及浓缩。

　　【学生】根据稀释定律，计算所需 1.00mol/L$CuSO_4$ 溶液的体积。

　　【提问】相比固体试剂，用浓溶液稀释配制一定物质的量浓度的溶液，在实验操作上有何不同之处？

　　【学生】计算方式不同，需用量筒量取所需体积的浓溶液，再加入适量蒸馏水，用玻璃棒搅拌稀释浓溶液，后续实验步骤完全一致。

　　【点评】同学们的回答非常准确。请同学们按此操作步骤进行实验。

　　【学生实验2】小组合作，稀释 1.00mol/L $CuSO_4$ 溶液，配制 100mL 0.50mol/L $CuSO_4$ 溶液。

　　【教师】巡回指导，指出学生在使用量筒上存在的问题。

　　【总结】引导学生，自主构建完整的一定物质的量浓度的溶液的配制模型。设计意图：通过用浓溶液稀释配制一定物质的量浓度的稀溶液，理解并应用稀释定律，再次练习配制一定物质的量浓度溶液的实验操作技能，建构完整的一定物质的量浓度的溶液的配制模型，促进学生"模型认知"核心素养的发展。

　　4.基于实验原理和不当操作，分析实验误差

　　【引入】由于我们在配制过程中可能会出现一些不当操作，可能会对我们所配溶液的浓度产生影响，这就需要我们进行实验误差分析。

　　【提问】根据物质的量浓度的定义，思考不当操作可能会对哪些物理量产生影响？分析以下情况对所配溶液浓度的影响：（1）用胆矾（$CuSO_4 \cdot 5H_2O$）配制一定物质的量浓度的 $CuSO_4$ 溶液的过程中，以溶质 $CuSO_4$ 的摩尔质量计算所需

胆矾固体的质量；（2）使用容量瓶配制一定物质的量浓度的溶液的过程中，加水不慎超过刻度线，用胶头滴管吸出一些液体，再重新加蒸馏水至刻度线；（3）使用浓硫酸配制一定物质的量浓度的稀硫酸溶液的过程中，浓硫酸稀释后直接转移至容量瓶中，后续操作步骤照常进行。

【学生】讨论交流，回答问题。

【教师】对学生回答进行点评，指出存在的问题。

【总结】在进行实验误差分析时，我们需要根据配制一定物质的量浓度的溶液的实验原理，分析不当操作对所配溶液体积和溶质物质的量（质量）的影响，进而得出其对所配溶液浓度的影响。设计意图：通过分析实验过程中可能出现的不当操作对所配溶液浓度的影响，加深学生对配制一定物质的量浓度的溶液的实验原理及各操作步骤的意义与必要性的认识，发展学生基于实验原理和不当操作进行误差分析的能力，促进学生定量思维的发展。

5.解决实际问题，巩固提升

【教师】请用本次实验课所学知识，回答下列问题。

（1）用 $FeSO_4 \cdot 7H_2O$ 固体配制 0.10mol/L$FeSO_4$ 溶液，需要用到的实验仪器有药匙、玻璃棒、（从图 6-1 中选择，写出仪器名称）。

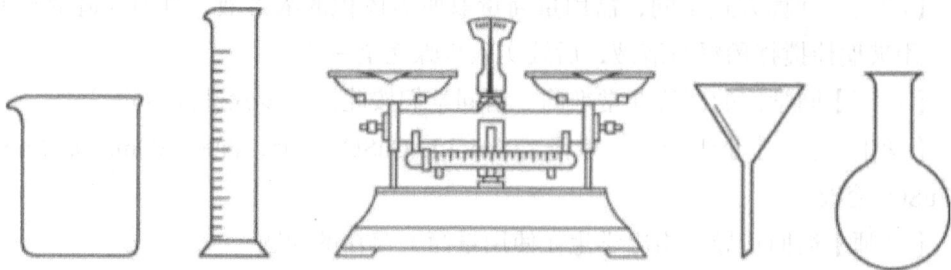

图6-1　溶液配制的相关实验仪器

（2）配制 480mL1.00mol/LH_2SO_4 溶液，需用 18.00mol/L 的浓硫酸的体积是多少？需要经过哪些实验步骤，用到哪些实验仪器？

（3）分析以下操作对所配溶液浓度的影响：称量 NaOH 固体操作缓慢、转移溶液于容量瓶后未摇动、量取浓硫酸时仰视或俯视读数。

【学生】思考交流，回答问题。

【教师】对学生的答题情况进行点评，并引导学生归纳总结配制一定物质的量浓度的溶液的相关知识。

【学生】讨论交流，总结本堂课所学知识设计意图：通过运用所学知识解决实际问题，诊断和发展学生对配制一定物质的量浓度的溶液相关知识的掌握水平，培养学生迁移应用所学知识解决实际问题的能力，通过归纳总结本次实验课所学的主要内容，帮助学生梳理出配制一定物质的量浓度的溶液的完整知识体系，促进知识结构化，加深记忆。

三、实验教学资源开发的效果评估

经过实验教学资源开发和验证，我们获得了以下几方面的效果评估。

（一）教学效果提升

实验教学资源的开发极大地提升了教学效果，尤其是在酸碱中和反应原理的理解方面。通过设计的实验教学资源，学生得以亲身参与实验操作，深入感受化学反应的过程，从而更加深入地理解了酸碱中和反应的原理。相比传统的教学模式，这种实践性的教学方法能够更好地激发学生的学习兴趣，加深他们对知识的理解和记忆。

实验教学资源的开发不仅仅提升了学生对酸碱中和反应的理解程度，还促进了他们的实验技能和科学思维的培养。通过自己动手进行实验操作，学生不仅学会了如何正确地操作实验仪器，还培养了观察、分析和解决问题的能力。这种综合性的学习方式有助于学生全面发展，提高他们的实验技能水平和科学素养。

实验教学资源的开发还促进了师生之间更加密切地互动和交流。在实验教学过程中，学生能够与教师进行更加深入地交流，及时解决实验中遇到的问题，增强了学生与教师之间的互动和信任。同时，教师也能够更好地观察学生的学习情况，及时调整教学方法和内容，从而更好地指导学生进行实验操作，提升了教学效果。

（二）学生反馈良好

学生对实验教学资源的反馈非常积极，普遍认为设计清晰易懂，操作简单实用。他们表示通过这些实验教学资源的学习，更加深入地理解了化学知识，提高了实验技能水平，增强了对化学实验的兴趣。

学生认为实验教学资源的开发使得实验过程更加生动有趣，增加了他们对化学实验的参与度和投入度。通过自己动手进行实验操作，学生感受到了知识的魅力，增强了对化学学科的信心和兴趣，激发了他们对科学探究的热情。

学生表示，通过实验教学资源的学习，他们不仅学到了知识，还培养了实验技能和科学思维能力。这些实践性的学习经历使他们受益匪浅，为今后的学习和科研打下了坚实的基础。

（三）教师满意度提高

教师对实验教学资源的开发和应用非常满意，认为这种教学方法能够更好地激发学生的学习兴趣，提升教学效果。通过实验教学资源的设计，教师能够更加灵活地开展教学活动，更好地调动学生的学习积极性，提高教学效率。

实验教学资源的开发为教师提供了更多的教学工具和资源，使得教学内容更加丰富。教师能够根据学生的实际情况和需求，选择合适的实验教学资源进行教学，更好地满足学生的学习需求，提升教学效果。

实验教学资源的开发也为教师提供了更多的教学参考和指导，使得教学过程更加规范化和科学化。教师能够更好地设计和组织教学活动，指导学生进行实验操作，提高学生的学习效果和实验技能水平。

第七章　高中实验教学资源的应用与评价

第一节　实验教学资源的应用方法

一、充分利用现代化技术手段

在高中化学教学中，充分利用现代化技术手段是提高教学效果和学生学习兴趣的重要途径。以下是针对不同现代化技术手段的具体应用方法。

（一）多媒体教学应用

多媒体教学在高中化学教学中的应用是提高教学效果和学生学习兴趣的重要途径之一。以下是对多媒体教学应用的详细阐述。

1. 投影仪和电子白板

（1）投影仪的应用

教师可以通过投影仪将实验过程以图像和文字的形式生动地展示给学生。投影仪可以将实验装置的结构、实验步骤和实验结果等内容投射到教室的屏幕上，使学生可以清晰地看到实验过程中的每一个细节。这种直观的展示方式能够帮助学生更好地理解实验内容，增加他们的学习兴趣和参与度。

（2）电子白板的运用

教师可以利用电子白板进行实时绘制和说明。在教学过程中，教师可以通过电子白板向学生展示实验装置的搭建过程、实验操作的步骤和实验结果的观察。通过手写、标注和绘图等方式，教师可以使实验内容更加生动直观，提高学生的学习效果。

2. 视频资源的应用

（1）教学视频的选择

教师可以选择合适的教学视频来展示实验操作的实际情况。这样的视频资源可以帮助学生更生动地感受实验过程，了解实验操作的细节和技巧。通过观看视频，学生可以加深对实验原理和操作步骤的理解，提高他们的实验技能和学习效果。

（2）视频展示的方式

教师可以在课堂上通过投影仪播放教学视频，让全班学生一起观看。也可以将视频资源上传到网络平台，供学生自主学习和复习使用。通过多种方式展示教学视频，可以满足不同学生的学习需求，提高教学效果。

3. 电子课件的制作和应用

（1）电子课件的制作

教师可以制作精美的电子课件，结合文字、图像和动画等多种形式，向学生介绍实验的背景知识、操作方法和实验结果。电子课件可以包括实验的目的、原理、装置图、操作步骤、实验数据分析等内容，帮助学生全面理解实验内容。

（2）电子课件的应用

在教学过程中，教师可以通过投影仪播放电子课件，向学生展示实验的相关内容。学生可以在课堂上跟随电子课件学习实验知识，或者在课后通过网络平台自主学习和复习。这样的电子课件不仅能够提供更丰富的信息，还能够激发学生的学习兴趣，提高他们的学习效率。

（二）网络资源利用

1. 网络课件的利用

（1）教学资源丰富多样

网络课件作为一种现代化的教学资源，具有丰富的内容和多样的形式。教师可以在各种网络平台上寻找适合的化学教学资源，如PPT课件、网站专栏、在线教程等，这些资源内容丰富、形式多样，能够为学生提供生动、直观的学习内容。

（2）随时随地获取

学生可以通过互联网随时随地获取到网络课件，不受时间和地点的限制。无论是在学校、家里还是在外出时，只要有网络连接，学生都可以方便地查阅和学习网络课件，提高学习的便捷性和灵活性。

（3）自主学习和复习

网络课件为学生提供了自主学习和复习的机会。学生可以根据自己的学习进度和需求，选择合适的网络课件进行学习和复习，有针对性地提高自己的学习效果。同时，学生还可以通过网络课件进行课后复习，加深对实验内容的理解和掌握。

2. 教学视频的应用

（1）生动直观地展示

教学视频可以生动地展示实验操作的过程和实验现象的变化，使学生能够更直观地理解实验原理和操作方法。通过观看教学视频，学生可以模拟实验过程，了解实验的具体操作步骤和技巧，提高他们的实验技能和学习效果。

（2）拓宽学习视野

教学视频可以拓宽学生的学习视野，帮助他们了解更广泛的实验内容和应用场景。教师可以选择与课程内容相关的教学视频进行展示，引导学生深入学习和探索，开阔他们的学习视野，培养他们的综合素养和创新能力。

（3）个性化学习体验

教学视频具有个性化学习的特点，学生可以根据自己的学习节奏和学习风格，自主选择合适的视频资源进行学习。教师可以根据学生的学习需求和水平，精心选择和推荐适合的教学视频，提供个性化的学习体验，促进学生的学习兴趣和积极性。

3. 实验模拟软件的运用

（1）安全便捷的实验体验

实验模拟软件可以为学生提供安全、便捷的实验体验。学生可以在虚拟的实验环境中进行实验操作，模拟实验过程并观察实验结果，无须实际操作化学试剂和器材，避免了实验操作中的安全风险和成本支出。

（2）加深实验理解

通过实验模拟软件，学生可以深入理解实验原理和操作方法。他们可以根据自己的兴趣和需要，选择不同的实验模拟软件进行学习和探索，加深对实验内容的理解和掌握，提高实验技能和学习效果。

（3）探索创新的空间

实验模拟软件为学生提供了探索创新的空间，学生可以通过调整实验条件和参数，进行不同的实验设计和模拟，探索实验结果的变化规律和影响因素，培养他们的科学思维和创新能力。同时，学生还可以通过实验模拟软件进行实验数据的分析和处理，了解实验数据的获取和应用，提高他们的数据分析能力和实验技能。

（三）智能化设备应用

1. 智能化实验仪器的应用

（1）智能 pH 计

智能 pH 计能够自动检测溶液的酸碱性，并将数据实时显示在屏幕上。教师可以引入智能 pH 计进行酸碱中和实验或酸碱滴定实验，学生只需将试剂加入容器中，仪器即可自动检测 pH 值并显示结果，大大简化了实验操作流程，减少了实验误差，提高了实验的准确性和可靠性。

（2）智能色谱仪

智能色谱仪能够自动分离和检测混合物中的成分，并提供准确的色谱图谱。在化学分析实验中，教师可以利用智能色谱仪进行物质的分离和鉴定，学生通过观察色谱图谱可以了解不同物质的相对含量和结构特征，提高了实验的效率和精确度。

2.实验数据采集系统的运用

（1）实时数据采集

实验数据采集系统可以实时记录和采集实验过程中的各种数据，如温度、压力、体积等参数，教师和学生可以随时获取实验结果。这样的系统能够及时反馈实验数据，帮助学生更好地理解实验过程和结果，促进实验教学的互动和反馈。

（2）数据分析与处理

实时数据采集系统还可以对采集到的数据进行处理和分析，生成相应的曲线图、统计表等形式，帮助学生更深入地分析实验结果，探讨实验现象的规律性和原理。教师可以引导学生利用数据采集系统进行实验设计和数据分析，培养他们的科学思维和数据处理能力。

（3）实验结果共享：

实验数据采集系统可以将采集到的数据保存在电脑或云端平台上，方便教师和学生随时查阅和共享。学生可以通过网络平台获取实验数据，并进行个性化的学习和探究，教师可以对学生的实验结果进行评价和指导，促进实验教学的深入开展和实验成果的分享。

二、引导学生独立探究

教师可以设计一些开放性的实验任务，让学生在实验过程中能够自主思考、自主探究。开放性实验任务可以激发学生的求知欲和探索精神，培养他们的实验设计和问题解决能力，增强他们的科学素养和创新意识。

（一）教学设计原则

进行基于科学探究与创新意识的实验教学设计时，首先要遵循具体的教学设计原则。

教学设计原则在实验教学中的应用是确保教学有效性和学习成果的关键。以下将详细探讨四个主要的教学设计原则在高中化学实验教学中的应用方法。

1.启发性原则

（1）激发学生探究兴趣

在化学实验中，教师可以通过提出引人深思的问题或现实生活中的案例，激发学生的好奇心和求知欲。例如，当学习气体的性质时，教师可以引导学生思考为什么气体可以充满气球，进而探究气体的压缩性和弹性等特性。

（2）鼓励学生独立探究

教师应该给予学生一定的自主权，让他们在实验中自主设计实验方案、确定实验步骤，并自行分析实验结果。这样可以培养学生的独立思考和解决问题的能力，激发其创新意识。

2. 直观性原则

（1）生动直观的实验展示

教师在实验教学中应该通过生动的实验演示和图像资料展示，让学生直观地感受实验现象和操作过程。例如，通过实验视频展示或实物模型展示，让学生观察化学反应的过程和结果。

（2）实验操作的亲身体验

学生通过亲自动手进行实验操作，可以增强他们对实验内容的理解和记忆。因此，教师应该尽量安排学生参与实验操作，让他们亲身体验化学实验的乐趣和挑战。

3. 可操作性原则

（1）简单明了的实验设计

教师在设计实验时应该考虑学生的实际能力水平，选择简单明了的实验方案和操作步骤。避免过于复杂或抽象的实验内容，确保学生能够顺利完成实验任务。

（2）实践能力的培养

实验教学应该注重培养学生的实践能力和操作技能。教师可以通过逐步引导和反复实践的方式，让学生掌握实验操作的要领和技巧，提高其实验技能水平。

4. 趣味性原则

（1）生动有趣的实验设计

教师在设计实验时应该考虑增加实验的趣味性和吸引力，吸引学生的注意力和提高学生的参与度。可以通过设定趣味性实验情境、引入有趣的实验材料等方式，激发学生的学习兴趣。

（2）生活化的案例引入

教师可以通过引入与学生日常生活相关的案例，将抽象的化学理论与生活实际联系起来，增加学生对实验内容的认同感和兴趣。例如，通过引入化学反应在厨房中的应用，让学生了解化学在生活中的重要性，增强学习的趣味性。

（二）教学设计策略

化学实验是化学教学的基础，学生科学探究与创新意识的培养更是离不开化学实验的学习。基于对调查问卷和教师访谈的分析，提出了以下几点关于发展学生"科学探究和创新意识"的化学实验教学策略。

1.重视开展"教学评"一体化的教学设计

重视开展"教学评"一体化的教学设计是针对新课标对化学学科核心素养发展的要求，旨在构建一个全面促进学生核心素养发展的教学评价体系。过去的教学模式和评价方式往往是分离的，导致学生的能力无法全面检验。在当前社会背景下，为了顺应时代的发展潮流，教师需要拥抱新的教育理念，重视化学实验教学，使学生的科学探究和创造能力得到充分发挥。实施"教学评"一体化教学设计的关键措施包括：

教师应在课前准备阶段，根据学生的发展特点，充分了解实验原理和材料，准备好实验设备，明确评估方法，确保实验安全，并为应对突发情况做好准备。

在课堂上，教师应根据教学设计引导学生进行实验，在实验过程中指导学生解决问题，关注每个学生的学习情况，及时提供反馈，并对学生的实验完成情况进行评价和分析。

课后，教师应对整个教学过程进行总结和分析，指出实验中存在的问题并提出改进措施，评估学生的掌握情况，鼓励学生参与反思和自我评价，培养其自信心和求知欲。

强调"教学评"一体化的教学设计，注重教学情境的生活化，组织多样化的探究活动，以化学实验为主体，结合结构化、系统化的教学内容，激发学生对化学知识的兴趣，改变传统的学习方式，促进学生的科学探究和创新意识的发展。

2.培养学生提出问题与猜想假设的教学策略

探究式教学的目的在于解决问题，而问题的发现与提出是解决问题的前提。在实验教学中，教师要充分发挥学生的认知冲突，创设问题情境，激发他们的好奇心，并引导学生提问。根据教师指导，学生在自己的理解下，对教学内容产生浓厚的兴趣，并根据自己的知识或者参考材料，做出合理的猜测和假定。教师可以通过下列方式创设真实、有趣的问题情景。

（1）利用新旧知识间联系，创设问题情境

学生通过旧知回顾不仅可以巩固所学知识，便于检测其已有知识的掌握情况，也可以自然地过渡到新课程的学习，便于学生的知识结构化。比如，在学习《离子反应》的第二节（离子反应的条件）时，联系初中时所学过的酸、碱、碱、盐等元素在水中的分解过程，引导学生思考，如果两种元素在水中发生了化学反应，那么两种元素之间的反应会有什么区别呢？

（2）利用生产生活实际，创设问题情境

我们身边许多现象都与化学知识相关，老师可运用与学生生活密切相关的环境创设情景，引起他们的好奇心，以便学生能够运用化学知识来解决生活中的问题，如此他们觉得自己学有所用，学习兴趣得到培养，从而提高他们的解题能力。例如，在学习特殊的分散系"胶体及其性质"时，可以通过生活中豆浆制成豆腐的过程来引导学生学习认识胶体及其性质。在学习"硫和氮的氧化物"时，教师通过展示酸雨腐蚀建筑物，雷雨发庄稼等现象发散学生思维，从而引出对NO_2、SO_2的性质探究。此外，利用冰箱产生氟利昂造成臭氧层空洞以及温室效应也可以作为创设情境的重要素材。这种与环境相结合的素材既能激发学生的好奇心又能培养学生的环保意识。

（3）利用化学史实，创设问题情境

通过化学实验史实，可以让学生对化学概念、化学原理的产生和发展有一个更好地认识，进而让他们对化学的发展历程有一个清晰的认识，提高他们的科学探究能力和创新意识。比如，在"氯气及其性质"这一课中，我可以用舍勒的发现来引发学生思考，氯气有什么特性。同时，通过学习化学工作者的努力和坚韧，激发学生勇于探索和开拓创新精神。在人教版教材中，有个版块为"科学史话"，广泛分布在教材中，新课标中也给了许多有关化学史实的情境，教师可利用当前发达的互联网找到更多有趣的化学史实，通过这些实验激发学生学习兴趣，促进学生勇于提出问题和猜想假设能力的提高。

（4）利用化学趣味小实验，创设问题情境

学生们对于实验现象充满好奇。在人教版的课本中，有许多有趣的小实验，老师们可以将这些有趣的实验运用到教学中去，通过这些趣味性实验，创设问题情境，引导学生对这些问题展开更深层次的探索，以此提高学生的科学探究能力。例如，在讲解"钠的化合物"时，讲到氧化钠与水的反应，可设计滴水生火实验，在讲到氧化钠与二氧化碳的反应，可设计"吹气生火"趣味实验，引发学生注意，并提问学生棉花中的物质是什么？为何吹气或滴水导致棉花着火？其分别发生了怎样的化学反应？激发学生的好奇心后让学生进行资料的查阅探究其中的奥秘。

3. 培养学生收集资料与设计实验的教学策略

在实验教学中，培养学生收集资料与设计实验的能力至关重要。设计实验方案不仅能够提高学生的实践操作能力，还能培养其科学探究和创新意识。以下是针对培养学生收集资料与设计实验的教学策略。

教师在课前应深入挖掘新教材中提供的各种相关资料，如"思考与交流""资料卡片""学与问""科学探究""实践活动""科学史话"等栏目，以及课文内容和习题等。通过深度研究教材，教师可以准确把握教学情境，为学生提供丰富的知识信息。同时，教师还应引导学生利用网络等资源进行资料收集，并鼓励他们进行交流和展示，以增强学生的合作能力和资源利用能力。

在实验设计过程中，教师应给予学生充分地参与机会，让他们体验实验的意义，并掌握实验的操作方法。通过合作设计实验，学生可以培养思考和实践操作能力。教师可以提前对实验类型进行分类，选择多样化的实验内容，让学生经历实验设计的过程。在实验设计的过程中，教师应及时给予指导，确保学生能够正确理解和应用所学知识，同时激发其创新思维。为了兼顾学生的实验操作和知识掌握，教师可以选择安全性高、可操作性强的趣味实验，并鼓励学生在课下进行进一步的探究验证，以巩固所学知识并提升实验设计的能力。

通过以上教学策略，可以有效地培养学生收集资料与设计实验的能力，促进其科学探究和创新意识的发展。同时，这种教学方法也有助于提高学生的合作能力、自主学习能力和问题解决能力，为其未来的学习和发展奠定坚实的基础。

4.培养学生进行实验与交流反思的教学策略

在化学实验教学中，培养学生进行实验并进行交流反思是至关重要的教学策略。首先，教师应该通过引导学生进行实验探究来培养其实验操作能力和专业习惯。在实验操作过程中，教师可以采用小组合作的形式，让学生自己动手进行操作，并及时观察和指导学生的操作，确保实验进行顺利。同时，教师还要引导学生使用专业化学术语来描述实验现象，培养其专业素养。若实验中出现差异现象，教师应激发学生去思考问题的根源，并鼓励他们展开优化和改进实验的探索。这种实验探究过程可以激发学生的求知欲和创造力，促进其独立思考和解决问题的能力。

其次，交流与反思是实验教学过程中不可或缺的环节。在实验结束后，学生应该利用表格、图表等形式如实记录实验现象和数据，并进行交流与反思。学生之间可以相互交流经验，讨论实验过程中遇到的问题，并共同寻找解决方法。教师在此过程中扮演着引导者和促进者的角色，鼓励学生积极参与小组讨论，用适当的方式表达和展示实验成果，倾听他人的见解，并促进学生之间的交流合作。通过这样的交流与反思过程，学生不仅能够加深对实验现象的理解，还能培养团队合作和问题解决的能力，树立积极阳光的学习心态。

5. 培养学生创新意识的教学策略

学生创新意识的培养须与实践活动相结合，而要培养学生的创造性意识，在实验教学中就必须从思维和能力两个层面来进行。

（1）发展创新思维

在教学中，要充分发挥学生的想象力，培养学生创新意识。教师指导学生运用自己已掌握的知识，对实验展开多种可能性的猜想，同学间互相沟通，从多个角度对问题进行假设；引导学生在进行假设时可利用因果联想、类比联想或知识迁移的思维进行问题猜想。比如在学习"硫的化合物"可与"碳的化合物"进行比较，利用已有的知识找出其共性和特殊性。发散学生思维，集中学生注意力，在过程中使学生的创新思维得到发展。

（2）培养创新能力

学生创新能力的培养是指当学生具备一定知识基础之后，能运用已学知识解决相似的问题。教师在实验探究的教学过程中，可为学生指明实验改进或实验创新的方向，提供充足的实验装置。比如在"氯气的制备"中，氯气具有毒性，教师引导学生进行发散思维，对实验装置进行改进，即便于学生操作又易于观察现象。在实践的过程中，学生的创新能力在潜移默化中得到影响，进而培养学生的创新意识。

（三）教学设计流程

教学的设计需要一定的流程，在进行教学设计时往往是按照既定的流程来进行。基于以上所总结出的教学原则以及教学策略，得出了以下教学设计流程。

1. 研读课程标准

明确素养内涵。课程标准是进行教学设计的基础。教师在进行教学设计前，首先要研读课程标准，明确学科核心素养的内涵和要求，借鉴课标所给的建议，结合学生的实际情况，明确实验教学中学生需要达到的标准，为实验教学设计提供充分的依据。

2. 分析教材内容

确定教学重点难点。在进行教学内容的分析研究时，除结合学生实际情况之外，还需对教学过程中的重点难点进行剖析，对学生在学习过程中可能会存在的盲区和错误进行预测，并找到解决策略。通过分析教材内容，制定明确的教学目标，使复杂的知识系统化、结构化，易于学生理解探究。

3. 创设问题情境

设计教学活动。上课是教学的中心，而上课的中心环节是进行教学活动。培养学生科学探究的能力要注重对学生进行启发式教育，即创设有利于激发学生好奇心和求知欲的问题情境，及时引导学生对问题进行设疑假设，鼓励学生自主设计并实施实验。例如在"钠的性质"的学习中，教师利用趣味实验创设问题情境，引导学生对其性质进行探究，在探究的过程中提高学生动手能力，开拓创新思维。

4. 设计评价方式

诊断教学效果。教学评价是诊断教学效果必不可少的环节。教师要及时对学生的学习情况进行反馈，从多角度对学生的表现进行评价，实现教学评的一体化。教师具体可通过布置探究性的家庭小实验诊断学生知识掌握情况以及动手操作能力；也可以通过测量表的形式，诊断学生科学探究与创新意识素养的提升程度；还可以通过利用学生间互评的形式，提高学生合作交流能力。

第二节　实验教学资源的评价体系

实验教学资源的评价体系对于教学效果的提升和资源的优化具有重要意义。评价体系主要包括内容评价、设计评价和应用评价三个方面。

一、教学资源内容评价

教学资源的内容评价是确保教学效果和资源质量的重要环节，主要包括准确性、科学性和全面性三个方面。

（一）准确性

评估教学资源是否准确地传达实验原理和操作步骤，确保内容科学可靠。

在评价准确性时，教师应首先核对教学资源中所涉及的实验原理和操作步骤与学科知识体系的一致性。通过查阅权威教材和参考资料，确保教学资源所包含的内容与科学理论相符合。例如，对于化学实验，教学资源应准确反映化学反应机理、实验操作步骤等方面的知识，确保学生能够正确理解和实践。

对实验原理和操作步骤的传达是否准确清晰，确保学生能够准确理解和实践。

（二）科学性

评估教学资源是否符合学科知识体系，内容是否科学合理。

在评价科学性时，教师应审查教学资源所涉及的内容是否符合学科的基本理论和规律。通过对资源中涉及的科学概念、理论和实验方法的验证，确保其科学性。例如，在化学实验中，教学资源应基于化学原理和实验技术，以科学的方式展现化学现象和反应机理。

对于教学资源中涉及的科学理论和实验技术是否准确、完整，能否满足学生对科学知识的学习需求。

（三）全面性

评估教学资源是否全面覆盖实验内容的各个方面，确保资源的完整性和丰富性。

在评价全面性时，教师应综合考虑教学资源所包含的内容是否涵盖了实验的各个方面，如实验原理、操作步骤、实验材料、数据分析等。教学资源应该尽可能全面地呈现实验内容，为学生提供全面的学习支持和参考。例如，在化学实验中，教学资源应包括实验操作的详细步骤、所需试剂和仪器材料清单、实验数据的记录和分析等内容，确保学生能够全面理解实验过程和结果。

二、教学资源设计评价

教学资源设计评价是确保教学资源能够清晰、易懂、易操作地支持学生学习并达到教学目标的关键环节。

（一）清晰度

评估教学资源设计是否清晰明了，学生是否能够快速理解和掌握实验内容和操作步骤。教师可以通过观察学生的学习情况和听取他们的反馈意见来评估资源的清晰度。清晰的资源设计应该包括清晰的实验操作流程图、文字说明和示范视频等，以帮助学生准确理解实验内容和操作步骤。

教学资源的清晰度也涉及信息的组织和呈现方式。资源设计应当合理组织实验内容，将关键信息突出呈现，避免学生在获取信息时感到困惑或混乱。

（二）易懂性

评估教学资源设计是否易于理解，学生是否容易掌握实验操作技能。易懂的资源设计应该使用简明清晰的语言表达实验原理和操作步骤，避免使用过多的专业术语或复杂的语句结构。同时，可以通过图示、示范视频等形式直观地展示实验操作过程，提高学生对实验内容的理解和掌握程度。

教学资源的易懂性还需要考虑学生的学习水平和背景知识。资源设计应该根据学生的实际情况进行调整，尽量简化实验操作步骤和理论知识，以便学生更容易理解和掌握。

（三）操作性

评估教学资源设计是否易于操作，学生是否能够顺利完成实验操作，达到教学目标。操作性强的资源设计应该考虑到学生的实际操作能力和实验条件，简化实验操作步骤，提供清晰的操作指导，确保学生能够顺利完成实验操作。

教学资源的操作性还包括资源的易获取性和使用便捷性。资源设计应该考虑到学生获取资源的途径和方式，提供多样化的资源获取渠道，确保学生能够方便地获取和使用教学资源。

在评价教学资源设计时，教师应结合学生的反馈意见和实际教学情况，对资源的设计进行调整和优化，提高资源的使用效率和教学效果。通过不断改进和优化教学资源的设计，可以提高学生对实验内容的理解和掌握程度，提升教学效果和学生学习体验。

三、教学资源应用评价

教学资源的应用评价是为了全面了解教学资源在实际教学中的效果，并为进一步改进和优化教学提供参考依据。评价过程包括对实际应用效果的观察和量化分析，以及对教学效果的综合评估和反思。

（一）实际应用效果

1. 学生学习情况

评估学生在使用教学资源后的学习情况，包括对实验内容的理解程度、实验操作的熟练程度等。可以通过课堂表现、作业完成情况以及课后测试等方式进行评价。

2. 反馈意见

收集学生对教学资源的反馈意见，了解他们对资源设计和应用的看法，包括对资源清晰度、易懂性、操作性等方面的评价。可以通过问卷调查、小组讨论或个别交流等形式获取反馈意见。

3. 学习成绩

分析学生在教学资源应用后的学习成绩变化，包括考试成绩、实验报告成绩等。通过对比教学资源应用前后的学习成绩情况，评估资源对学生成绩的影响。

（二）教学效果

1. 达到预期效果

评估教学资源的应用是否达到了预期的教学效果，包括是否提高了学生对实验内容的理解和掌握程度，是否促进了学生的学习兴趣和参与度等。可以根据教学目标和预期效果进行评价。

2. 学习产生积极影响

评估教学资源的应用是否对学生的学习产生了积极影响，包括是否提高了学生的学习动机和学习效率，是否促进了学生的自主学习和探究能力等。可以通过观察学生的学习态度和行为变化来评价。

（三）改进和优化

根据评价结果，及时调整和改进教学资源的应用方式和内容，以提高教学效果。可以根据学生的反馈意见和学习情况，对资源设计进行调整和优化，提高资源的清晰度、易懂性和操作性。

不断反思教学实践，总结经验教训，不断改进教学方法和策略，以适应学生的学习需求和教学环境的变化。教师应保持对教学资源应用效果的持续关注和反思，不断提升教学水平和教学质量。

第三节 实验教学资源的实际效果评估

教学资源应用评价是确保教学资源能够有效支持教学活动并提高学生学习效果的重要环节，主要包括实际应用效果、教学效果和改进优化三个方面。

一、实际应用效果

实际应用效果评价是对教学资源在实际教学中的应用效果进行全面评估的过程，主要包括学生学习情况评估、反馈意见收集和学习成绩分析三个方面。

（一）学生学习情况评估

1. 学生对实验内容的理解程度

通过观察学生在实验课上对实验内容的理解和反应情况，以及课后作业和小组讨论等形式，评估学生对实验内容的掌握程度。这包括对实验原理、操作步骤和实验结果的理解是否准确、透彻。

2. 实验操作技能的掌握程度

通过观察学生在实验课上的实验操作过程，包括操作的熟练程度、是否按照操作规程进行操作等方面，评估学生的实验操作技能。同时，可以通过学生的实验报告和实验结果来评估其实验操作的质量和准确性。

3. 对实验过程的反馈

收集学生对实验过程的反馈意见，包括实验的难易程度、对实验过程中出现问题的解决能力等方面。通过观察学生的态度和表现，了解他们对实验过程的感受和反应。

（二）反馈意见收集

1. 对教学资源内容的理解程度

通过问卷调查、小组讨论或个别面谈等形式，收集学生对教学资源内容的理解程度的反馈意见。了解学生对教学资源中所包含的实验原理、操作步骤等内容的理解程度，以及对这些内容的评价和建议。

2. 操作流程的易用性

收集学生对教学资源中实验操作流程的易用性的评价意见。了解学生对实验操作步骤的理解和掌握情况，以及对实验操作过程的流畅性和便捷性的评价。

3. 对学习效果的评价

了解学生对教学资源应用后学习效果的评价，包括对学习成果的满意度、对教学效果的认可程度等方面的意见。这些反馈意见可以帮助教师及时了解学生的学习情况和需求，以便调整和改进教学方法和资源内容。

（三）学习成绩分析

1. 实验报告成绩

分析学生在实验课程中的实验报告成绩，评估他们对实验内容的理解和表达能力。通过对实验报告的评分和分析，了解学生在实验过程中的表现和学习成果。

2. 操作技能评价

评估学生在实验操作方面的能力表现，包括操作的准确性、熟练程度和规范性等方面。通过对学生实验操作的评价和分析，了解他们的实验操作技能水平和提升空间。

二、教学效果

教学效果是评估教学活动和教学资源应用对学生学习和发展产生的影响程度，主要包括教学目标达成情况评估和学生学习动机与态度评估两个方面。

（一）教学目标达成情况评估

1. 操作技能水平提升情况

评估教学资源应用对学生实验操作技能水平的影响。通过比较学生在教学前后的实验操作能力，包括操作的熟练度、准确性和规范性等方面的变化，来评估教学效果在实验操作技能提升方面的实际达成情况。

2. 原理理解水平提高程度

评估教学资源应用对学生对实验原理的理解水平的影响。通过分析学生在实验学习中对实验原理的掌握程度、对实验结果的解释能力等方面的表现，来评估教学效果在提高学生实验原理理解水平方面的实际达成情况。

（二）学生学习动机和态度评估

1. 学习兴趣程度

评估教学资源应用对学生学习兴趣的影响程度。通过观察学生在实验课程中的参与度、表现出的学习积极性以及对实验内容的兴趣反应等方面，来评估教学效果在激发学生学习兴趣方面的实际影响程度。

2. 学习态度变化情况

评估教学资源应用对学生学习态度的影响。通过收集学生的反馈意见和观察学生在实验学习中的表现，了解他们对实验学习的态度变化情况，包括对学习的积极性、自主性和负责任性等方面的变化，来评估教学效果在塑造学生学习态度方面的实际影响程度。

三、改进和优化

（一）根据评价结果调整教学资源

1. 反馈意见和学习成绩数据

首先，教师需要积极收集学生对教学资源的反馈意见和学习成绩等数据。可以通过开展问卷调查、组织小组讨论、观察学生的课堂表现等方式，获取学生对教学资源应用效果的评价和反馈。

2. 评价结果

教师应该对收集到的反馈意见和学习成绩数据进行综合分析和评估。通过比较学生的学习情况、实验成绩等数据，找出教学资源应用存在的问题和不足之处，明确需要进行调整和改进的方面。

3. 教学资源内容

根据评价结果，教师可以针对教学资源的内容进行优化和调整。例如，对实验内容进行精简或扩展，修改实验操作步骤，更新实验资料或案例等，以更好地满足学生的学习需求和教学目标。

4. 教学资源应用方式

教师还可以根据评价结果调整教学资源的应用方式。例如，改变教学活动的组织形式，调整教学资源的使用时机和频率，引入新的教学技术或工具等，以提高教学资源的应用效果和教学效果。

（二）持续改进教学实践

1. 改进机制

教师应该建立起持续改进的机制，确保对教学实践的改进和优化能够持续进行。可以设立定期的评估和反馈机制，制定改进计划和目标，明确责任人和时间节点，推动教学实践的持续改进。

2. 评估和反思

教师应该定期对教学实践进行评估和反思。可以通过组织教研活动、开展教学观摩、参加教学培训等方式，与同行分享经验和教训，共同探讨教学改进的方法和途径，不断提升教学实践水平。

3. 学习和提升

教师应该保持学习的热情和求知欲，不断提升自身的教学水平和教学资源设计能力。可以通过阅读教育专业书籍、参加学术会议、接受专业培训等方式，获取新的教学理念和方法，为教学实践的改进和优化提供支持和保障。

第八章　高中化学实验教学资源的优化与更新

第一节　高中化学实验教学资源的优化策略

一、基于学生需求的内容优化

（一）调整实验内容

学生的反馈意见和学习需求对实验内容的调整和优化至关重要。通过收集学生的反馈意见，可以了解到哪些实验项目受到学生欢迎，哪些实验项目存在难度较大或者学生不感兴趣的情况。基于这些反馈意见，可以对实验内容进行如下调整。

1. 增加学生感兴趣的实验项目

学生的兴趣是学习的动力源泉，因此，增加一些生动有趣的实验项目是非常重要的。这些实验项目可以与学生的日常生活相关，例如模拟制作家庭清洁剂、分析家用化妆品成分等。此外，还可以根据学生的兴趣爱好，引入一些与新闻热点相关的实验，例如探究环境污染对水质的影响、研究食品安全等方面的实验项目，以引发学生的思考和探究欲望，提升实验的吸引力和趣味性。

2. 减少难度较大的实验项目

在设计实验内容时，需要考虑学生的学习水平和实验操作能力。如果学生反映某些实验项目的难度过大，可能会导致学生的学习积极性下降，甚至出现挫折感。因此，可以考虑将这些难度较大的实验项目进行调整或替换，选择一些难度适中的实验内容。例如，在化学反应实验中，可以选择一些简单的反应体系，避免使用过于复杂的仪器和试剂，确保学生能够顺利完成实验操作并获得实验结果。

3. 关注实验项目的实用性和应用性

实验内容应该与学生的学习目标和能力水平相匹配，注重实验项目的实用性和应用性。这样可以让学生从实验中获得直接的知识和技能收益，增强他们对实验的兴趣和参与度。例如，在有机化学实验中，可以设计一些与日常生活密切相关的实验，如制备香精、合成染料等，让学生在实践中体会到化学知识的实际应用，激发其学习兴趣和动力。

（二）精简实验步骤

实验步骤的精简和优化可以提高实验操作的效率和实用性，同时确保学生能够清晰地理解和掌握实验过程。具体的优化策略包括以下三项内容。

1. 简化操作流程

在设计实验步骤时，需要对操作流程进行梳理和简化，去除烦琐复杂的操作环节。例如，在化学实验中，可以将多个操作步骤合并或简化，以减少学生的操作时间和精力消耗。同时，要注重操作步骤的清晰性和简洁性，确保学生能够轻松理解和执行每一个操作。

2. 优化实验器材和试剂选择

选择简单易得的实验器材和试剂对于实验的顺利进行至关重要。在设计实验步骤时，应尽量避免使用过多复杂的设备和药品，以减少实验准备和操作的时间和成本。可以选择常见的实验器材和试剂，确保学生能够轻松获取并操作，提高实验的实用性和可操作性。

3. 强调实验步骤的逻辑性和连贯性

在编写实验步骤时，需要特别关注实验步骤之间的逻辑关系和连贯性。每一个实验步骤都应该有清晰的前后顺序，确保学生能够按照正确的操作顺序进行实验。同时，要注重实验步骤的衔接和过渡，避免出现操作混乱或错误的情况，提高实验操作的准确性和可靠性。

（三）增加实验案例

增加更多生活化、贴近学生实际生活的实验案例，可以提高学生对实验内容的认知和理解，增强实验的趣味性和实用性。具体的策略包括以下三项内容。

1. 引入与日常生活相关的实验案例

引入与日常生活相关的实验案例是实验教学中的一种重要策略，它能够将抽象的化学理论与学生日常生活相结合，使学生更加直观地理解和应用所学知识。例如，可以选择一些与家庭清洁用品相关的实验案例，如肥皂的制作和表面活性剂的性质研究。通过这些实验，学生可以了解肥皂的成分和工作原理，探究不同成分对清洁效果的影响，进而在日常生活中选择合适的清洁用品。另外，还可以选取一些与食品安全相关的实验案例，如食品中添加剂的检测和分析实验。通过这些实验，学生可以了解不同食品添加剂的种类和作用，学会运用化学方法对食品中添加剂进行检测和分析，加深对食品安全的认识和保护意识。通过引入这些与日常生活相关的实验案例，可以激发学生的学习兴趣，增强他们的学习动力和参与度。同时，也能够培养学生的实践能力和解决问题的能力，为他们未来的学习和生活打下坚实的基础。

2. 结合新闻热点的实验案例

结合当前社会热点或科技前沿的实验案例是实验教学中一种富有创新性和实用性的策略。以环境污染物的检测为例，这个实验案例可以让学生了解到环境污染对人类和生态系统的危害，并学习利用化学方法检测和分析环境中的污染物的技术。学生可以通过收集环境样品，利用化学分析方法，如色谱法、质谱法等，对样品中的污染物进行检测和定量分析，从而了解不同污染物的种类、来源以及对环境和人体的影响，进而探讨如何减少和预防环境污染的措施。

另一个例子是新型能源材料的制备实验。随着能源问题日益凸显，学生对新型能源材料的制备和应用产生了浓厚的兴趣。在这个实验案例中，学生可以学习新型能源材料的原理、制备方法和性能评价等知识。例如，可以设计实验制备某种太阳能电池材料或燃料电池催化剂，通过化学反应制备材料，并测试其在能源转换方面的性能，如光电转换效率、电化学性能等。通过这个实验案例，学生不仅可以了解新型能源材料的制备和应用，还可以培养实验设计和数据分析能力，为解决能源问题做出贡献。

这些结合新闻热点的实验案例不仅能够引发学生的兴趣和好奇心，还能够促进他们对化学知识的深入探索和理解。同时，这种实验案例也与当前社会和科技发展密切相关，有助于培养学生的科学素养和创新精神，为他们未来的学习和发展打下坚实的基础。

3. 强调实验的应用性和意义

在化学教学中，强调实验的应用性和意义具有重要的教育价值。实验不仅仅是为了让学生学习和掌握化学知识，更重要的是让他们意识到实验在解决现实问题和推动科学进步中的重要性。通过实验，学生可以将所学的理论知识应用到实际情境中，培养实践能力、创新思维和问题解决能力。

首先，强调实验的应用性可以帮助学生将所学的化学知识与现实生活联系起来。例如，通过实验可以展示化学在日常生活中的应用，如家庭清洁用品的成分分析、食品中添加剂的检测等，让学生认识到化学在解决环境、健康等方面的重要性。

其次，强调实验的意义可以激发学生对化学学科的兴趣和热情。通过展示一些具有挑战性和启发性的实验案例，可以引发学生的好奇心和求知欲，激发他们对化学知识的探索欲望。例如，介绍一些新颖的实验方法或应用领域，让学生了解化学领域的广阔前景和发展方向，从而激发他们对化学学科的兴趣。

最后，强调实验的应用性和意义可以提高学生对实验的重视程度和学习动力。通过向学生介绍一些与实验相关的实际案例，如环境污染物的检测、新型能源材料的制备等，可以让他们认识到实验在解决现实问题和推动科学进步中的重要作用，从而增强他们对实验学习的主动性和积极性。

二、提升教学资源的设计质量

（一）优化实验教材

为提升教学资源的设计质量，首先需要对实验教材进行优化。这包括内容和形式两个方面。

1. 内容优化

内容优化是实验教学中的重要环节，它涉及教材设计的方方面面，从内容的准确性到学生的学习需求，都需要得到精心地考量和策划。首先，对实验教材的内容进行设计和策划时，需要确保覆盖了课程要求的重点和难点内容。这意味着教材中所包含的实验项目和理论知识应该与课程大纲和教学目标相一致，既要贴近课程内容，又要突出难点，帮助学生理解和掌握重要概念和原理。

其次，实验教材的内容应该准确、全面，能够满足学生的学习需求。这需要教材作者具有深厚的学科知识和教学经验，能够准确理解和把握课程要求，确保所编写的教材内容不仅准确无误，而且包含了丰富的案例和应用实例，有助于学生更好地理解和应用所学的知识。

根据学生的实际水平和学科特点，调整教材的深度和广度也是内容优化的重要环节。教材内容既不能过于简单，以至于无法满足学生的学习需求，也不能过于复杂，使学生感到困惑和无法应对。因此，教材的设计应该根据不同年级和学生群体的特点，适当调整内容的难易程度，让学生在学习中既感到挑战，又能够顺利掌握知识。

2. 形式优化

实验教材的形式优化是提高实验教学效果和学生学习体验的关键环节。为了使实验教材具有生动、清晰的特点，教材编写者可以采取多种形式相结合的方式来呈现实验内容。首先，文字应该简练明了，通俗易懂，避免使用过多的专业术语和复杂的句式，以便学生能够轻松理解和消化所学知识。其次，图表和图片在实验教材中的应用也非常重要，可以通过示意图、实验装置图、实验结果图等形式直观地展示实验过程和实验结果，帮助学生更好地理解和记忆实验内容。

在排版设计方面，教材版面应该整洁美观，避免过于拥挤或混乱的排版风格，以免影响学生的阅读体验。合理设置标题、副标题和段落，采用适当的字体和字号，统一使用标准的图表和图片格式，都可以提高教材的可读性和吸引力。

为了更好地帮助学生理解实验操作步骤，可以在教材中添加实验操作步骤的视频或动画。通过观看实验操作的视频或动画，学生可以直观地了解实验的具体步骤和操作技巧，提高实验教学的效果和学生的学习兴趣。

（二）设计互动性教学环境

除了优化实验教材外，构建具有互动性的教学环境也是提升教学资源设计质量的重要方面。

1.利用多媒体技术

教师可以利用多媒体技术，设计生动、具有视觉冲击力的教学资源。例如，制作实验视频和实验模拟软件，让学生通过观看视频或操作软件来进行实验操作。这种方式能够提高实验的趣味性和互动性，激发学生的学习兴趣。

2.构建在线平台

教师可以建立在线教学平台或课堂互动平台，为学生提供交互式学习体验。在平台上可以设置实验模拟环境、在线讨论区等功能，让学生能够在虚拟的环境中进行实验操作和交流讨论。通过在线平台，学生可以随时随地进行学习，增强了学习的便捷性和灵活性。

3.设计实验探究任务

教师可以设计具有挑战性和启发性的实验探究任务，让学生能够自主选择实验方向和方法，发挥自己的创造力和探索精神。通过实验探究任务，学生不仅可以深入了解实验原理和操作方法，还能够培养解决问题的能力和探索精神。这种任务设计能够激发学生的学习兴趣和积极性，提高他们的学习动力和自主学习能力。

（三）引入问题驱动式教学

问题驱动式教学是一种有效的教学方法，可以提高学生的学习积极性和主动性，培养其解决问题的能力和创新意识。在实验教学中引入问题驱动式教学，可以采取以下策略。

1.设计探索性问题

教师可以设计具有启发性和挑战性的实验问题，以引导学生通过实验探索和实践操作来解决问题。这些问题应该具有一定的深度和广度，能够激发学生的思维和创造力，促进他们对化学知识的理解和应用。例如，可以设计关于反应速率、化学平衡、溶解度等方面的问题，让学生通过实验来探索相关的现象和规律。

2. 引导学生主动探究：

在实验教学中，教师应该担任引导者的角色，引导学生主动参与实验探究活动。教师可以通过提出问题、组织讨论、指导实验操作等方式，激发学生的学习兴趣和解决问题的能力，培养他们的自主学习和合作探究的能力。例如，可以在实验前提出问题，让学生思考实验的目的和可能的结果，从而引导他们在实验中主动探索和思考。

3. 组织小组合作

为了促进学生之间的交流和合作，教师可以将学生分成小组，让他们共同探讨和解决实验中遇到的问题。通过小组合作，可以激发学生的集体智慧，提高问题解决的效率和质量。同时，小组合作还可以培养学生的合作精神和团队意识，增强他们的交流能力和社交技能。

三、加强实验教学过程管理

（一）优化实验设施设备

为加强实验教学过程管理，首先需要对实验设施设备进行优化，确保其正常运行和安全使用。

1. 定期检查维护

建立健全的实验设施设备定期检查维护制度，确保设备的正常运行和安全使用。定期进行设备检查，发现问题及时修复，保证设备处于良好的工作状态。此外，还应建立维修档案，记录设备维护情况和维修记录，为设备维护提供依据。

2. 设备更新升级

根据实验教学的需要和技术发展趋势，及时更新和升级实验设备。引进先进的实验设备和技术，提高实验教学的效率和水平。同时，要定期评估设备的性能和功能，及时进行更新和升级，以满足不断变化的教学需求。

3. 安全设施完善

加强实验室安全设施建设，提升实验室的安全防护能力。包括完善应急救援设备，如消防器材、急救箱等；设置安全警示标识，明确实验室安全注意事项和紧急联系方式；建立紧急通风系统，确保实验室内空气流通畅通，减少有害气体的积聚和危害。

（二）强化实验教学指导

为加强实验教学过程管理，需要提供专业化的实验教学指导，以确保学生能够安全、有效地进行实验操作（见 8-1）。

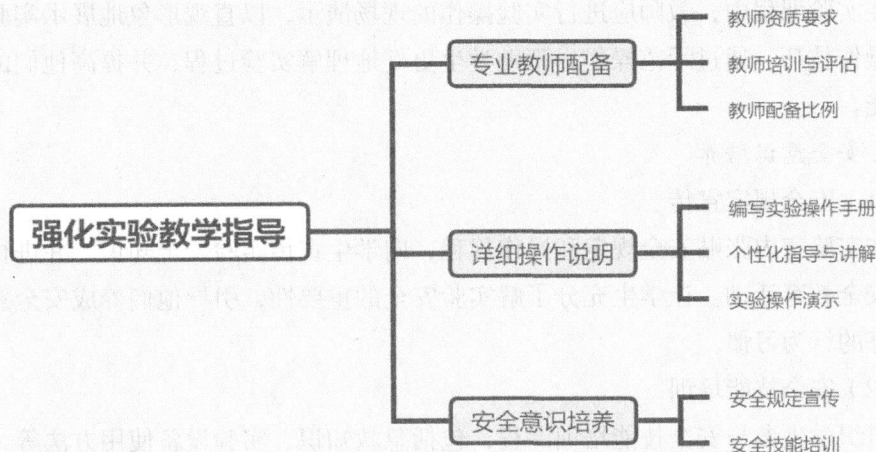

图 8-1　强化实验教学指导架构图

1.专业教师配备

（1）教师资质要求

教师应具备相关学科专业背景，拥有本科及以上学历，并具备丰富的实验教学经验和专业知识。其教学经验应涵盖实验操作技能和安全管理等方面。

（2）教师培训与评估

学校应定期组织针对实验教学的培训，包括实验操作技能培训、安全管理培训等，以提高教师的专业水平。同时，建立教师绩效评估机制，对教师的实验教学能力进行评估，激励其持续提升。

（3）教师配备比例

确保每个实验课程配备足够数量的专业教师，以保障实验教学的质量和效率。根据实验课程的特点和学生人数，合理配置教师人力资源，确保每个学生都能得到充分地指导和关注。

2.详细操作说明

（1）编写实验操作手册

针对每个实验项目，编写详细的实验操作手册，包括实验原理、操作步骤、注意事项等内容。确保学生能够清晰地了解实验内容和操作流程，提前做好实验准备。

（2）个性化指导与讲解

针对不同学生的实验操作水平和理解能力，进行个性化地指导和讲解。教师应根据学生的实际情况，采用不同的教学方法和策略，帮助他们充分理解和掌握实验技能。

（3）实验操作演示

在实验课程中，教师应进行实验操作的现场演示，以直观形象地展示实验步骤和操作技巧。通过示范操作，帮助学生更好地理解实验过程，并提高他们的操作技能。

3.安全意识培养

（1）安全规定宣传

在实验室内张贴安全规定和操作规程，向学生宣传实验安全知识，并进行定期的安全教育活动。让学生充分了解实验安全的重要性，引导他们养成安全意识和良好的行为习惯。

（2）安全技能培训

组织学生参与安全技能培训课程，包括急救知识、实验设备使用方法等，增强学生的安全防范意识和应急处理能力。教育他们在实验操作过程中时刻保持警惕，及时应对突发情况。

（3）事故处理机制

建立完善的实验安全事故处理机制，规定事故报告和处理程序，确保在发生安全事故时能够及时有效地进行处理和处置。同时，加强事故案例的分析和讨论，引导学生总结经验教训，增强安全意识。

（三）建立实验教学反馈机制

为提升实验教学过程管理水平，建立健全的实验教学反馈机制至关重要（见图 8-2）。

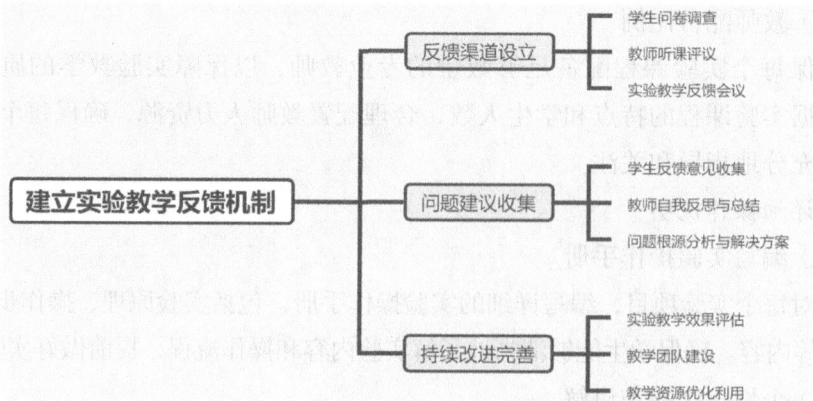

图 8-2　建立实验教学反馈机制架构图

1. 反馈渠道设立

（1）学生问卷调查

设立定期的学生问卷调查，通过问卷形式收集学生对实验教学的反馈意见。问卷内容应涵盖实验内容难易程度、教师指导水平、实验设备完善程度等方面，以全面了解学生的学习体验和需求。

（2）教师听课评议

定期组织教师听课评议活动，邀请其他教师或教育专家对实验教学过程进行评议。通过观摩教学过程和听取专家意见，提供客观的教学反馈，帮助教师发现问题并改进教学方法。

（3）实验教学反馈会议

定期召开实验教学反馈会议，邀请学生代表、教师代表和管理者共同参与。会上可以就实验教学存在的问题进行深入讨论，并提出改进建议，形成共识并制定改进措施。

2. 问题建议收集

（1）学生反馈意见收集

鼓励学生在实验教学过程中及时反馈问题和建议，可以设立反馈信箱、建议箱等形式收集学生意见。同时，教师也应主动与学生沟通，了解他们的学习需求和困难，及时解决问题。

（2）教师自我反思与总结

教师应定期对自己的实验教学过程进行反思和总结，发现问题并及时改进。可以通过教学日志、教学反思等方式记录教学感悟和经验，不断提升自身的教学水平。

（3）问题根源分析与解决方案

收集学生和教师的反馈意见后，应对问题进行深入分析，找出问题的根源，并提出切实可行的解决方案。可以借鉴其他学校或单位的成功经验，结合实际情况制定具体的改进措施。

3. 持续改进完善

（1）实验教学效果评估

设立定期的实验教学效果评估机制，对实验教学过程进行全面评估。可以从学生学习成绩、实验操作技能等方面进行评价，以客观数据为依据进行改进和提升。

（2）教学团队建设

加强教师团队建设，建立教师间的合作与交流机制，共同探讨实验教学的改进策略和方法。通过教研活动、学术讲座等形式促进教师间的专业成长和交流。

（3）教学资源优化利用

不断优化实验教学资源的配置和利用，更新实验设备和教材，提升实验教学的质量和水平。同时，加强与产业界、科研机构的合作，充分利用外部资源，丰富实验教学内容，提高实践能力。

第二节　实验教学资源的更新机制

一、定期评估和调整

（一）建立评估机制

1.设立评估周期

首先，需要确定评估的周期，通常可以以学年或学期为单位进行评估。在每个评估周期结束后，对实验教学资源进行全面评估，以确保及时发现问题并采取相应的改进措施。

2.明确评估内容

在建立评估机制时，需要明确评估的内容范围，包括但不限于实验教材的准确性、实验步骤的清晰度、教学资源的多样性等方面。通过对内容的全面评估，可以了解实验教学资源的优势和不足。

3.制定评估标准

制定明确的评估标准和指标，以便对实验教学资源进行定量和定性评价。评估标准可以根据学科教学要求、教学大纲以及学生学习目标来确定，确保评估的客观性和科学性。

4.建立评估团队

成立专门的评估团队或委员会，负责组织和实施实验教学资源的评估工作。评估团队可以由学科教师、教学管理人员、学生代表等组成，共同参与评估工作，确保评估结果的客观性和权威性。

5.收集评估数据

通过多种方式收集评估数据，包括教师和学生的问卷调查、实地观察、学生学习成绩分析等。通过收集大量的评估数据，可以全面了解实验教学资源的实际情况，为后续的改进工作提供依据。

（二）调整教学资源

1. 分析评估结果

在收集了足够的评估数据后，需要对评估结果进行仔细分析和总结，找出实验教学资源存在的问题和不足之处。分析的重点包括评估中发现的教学资源的优点、不足之处以及需要改进的方向等。

2. 优化实验内容

根据评估结果，对实验内容进行优化和调整。可以增加或减少实验项目，更新实验案例，使实验内容更加贴近学生的学习需求和实际应用，提高实验的趣味性和实用性。

3. 更新教学工具

针对评估中发现的教学工具存在的问题，及时更新和替换教学工具，确保实验设施设备的正常运行和安全使用。可以引入新的实验仪器设备，采用先进的信息技术手段，提高实验教学的效率和便利性。

4. 修订教学资源

根据评估结果，对实验教材和教学资源进行修订和更新。可以对教材内容进行更新和补充，修订实验操作步骤，增加实验图片和示意图等，提高教材的实用性和可读性。

5. 培训教师

针对评估结果中发现的教师教学不足之处，开展相关的教师培训活动，提升教师的实验教学水平和教学资源设计能力。可以组织教师培训讲座、研讨会等活动，分享优秀的教学经验和案例，促进教学改进和提升。

二、引入新技术和方法

（一）跟踪学科前沿

化学教育领域的不断发展和研究成果的涌现，为高中化学实验教学提供了丰富的资源和机会。密切关注学科前沿，不仅有助于更新实验教学内容，还可以激发学生的学习兴趣，培养其探究精神和创新能力。以下是针对跟踪学科前沿的具体措施。

1. 研究成果应用

积极将最新的化学科研成果应用到实验教学中。例如，随着纳米技术的发展，可以引入基于纳米材料的实验项目，让学生深入了解纳米材料在化学领域的应用和意义。同时，绿色化学反应作为一种环保、高效的反应方式，也可以被纳入实验教学中，让学生体验到绿色化学的魅力。

2. 实验设计创新

结合学科前沿，不断创新实验设计，打造具有前瞻性和创新性的实验项目。例如，针对新材料和新能源领域的研究热点，设计相关的实验项目，让学生通过实验了解新材料的性质和应用，以及新能源的发展趋势和应用前景。这样的实验设计不仅可以提升学生的实验技能，还能培养其对科学前沿的认识和理解能力。

3. 专业资源合作

主动与科研机构、高校实验室等专业资源进行合作，共享最新的实验设备和技术资源。通过与专业机构的合作，学校可以获取到更先进的实验设备和技术支持，为学生提供更具有前沿性和实用性的实验教学体验。例如，与高校化学实验室合作，学生可以借助高校实验室的仪器设备和实验平台，开展一系列具有前沿意义的实验项目，拓宽学生的实验视野和科学素养。

跟踪学科前沿不仅是化学教育的需要，也是对学生未来发展的一种有益引导。通过引入最新的实验方法、技术和工具，丰富实验教学内容，高中化学实验教学可以更好地满足学生的学习需求，培养他们的创新意识和科学素养。

（二）应用信息技术

利用信息技术手段，开发和应用多媒体教学资源、虚拟实验平台等新型教学工具，提供更多样化、生动化的实验教学内容，提升学生的学习体验和教学效果。

1. 信息化在高中化学实验教学中的作用

（1）拓宽学习途径，开阔学生视野

信息化为高中化学实验教学带来的最明显影响是能够拓宽学生的学习途径。在信息化条件下，学生不仅可以在课堂、教材中获取化学知识，而且可以借助互联网平台认识化学、了解化学，这能够有效开阔学生的化学视野。另外，教师在传统备课、授课模式基础上，可以开发在线备课、授课模式，利用信息技术搜集、整合化学实验教学资源，为学生提供更丰富的学习素材。这同样具有开阔学生化学视野之效，可以持续地增加高中化学学生实验探究的热情。

（2）抽象变为形象，降低学习难度

信息化在高中化学实验教学中具有"化抽象为形象"的重要作用。本质上，信息化是一种工具、一种手段，教师可以利用信息技术直观性、形象化等特点，将抽象的高中化学实验以一种形象化的方式展现在学生眼前，使学生形成更加真实、直观的体验，促成他们对化学实验的合理想象，从而降低学生学习难度，提

高实验教学效率和有效性。对于学生在实验中出现的一些不容易被发现的错误，教师也可以将其形象化地展示出来，帮助学生更顺利地分析实验误差原因。在这一维度上，学生继续降低学习难度，对其深入探究高中化学实验同样有极高的促进意义。

（3）打造新型课堂，培养学习兴趣

信息化还有打造高中化学新型实验课堂的关键作用，有利于培养学生对化学实验的持久兴趣。相较于传统课堂，新型动态课堂明显更受学生欢迎，无论是声音还是画面，都能在无形中减轻学生学习的枯燥感和压力感，营造更愉悦的学习氛围，从而利用环境优势，最大限度地激发学生的学习兴趣。在信息化条件下，教师可以将视频、图片等多样化的动态教学资源应用在高中化学实验教学中，并在学生实践操作时播放一些轻柔、舒缓的音乐，打造有声的、动态的新型课堂，让学生始终沉浸在良好的学习氛围中，循序渐进地培养学生化学学习兴趣，增加其实验探究动力。

2. 信息化在高中化学实验教学中的有效应用

基于高中化学实验教学内容丰富性、学生实验探究多样性、实验步骤复杂性等特征，信息化在高中化学实验教学中的有效应用具有不同的表现形式。

（1）打造开放性平台，实现良好预习

打造开放性平台，实现良好预习的过程需要一系列有效的措施和策略。以下是一些关键步骤。

建立开放性平台：教师可以利用现代信息技术和互联网优势，建立一个开放性的化学学习平台，例如使用在线教育平台、教学管理系统或者专门的网站。这个平台应该包括实验预习的相关信息、资料、任务以及学生交流讨论的功能。

发布实验预习任务：在平台上提前向学生发布实验预习任务，明确预习的内容、要求和时间安排。任务可以包括预习材料的阅读、视频观看、问题思考等，以引导学生在课前对实验内容进行了解和准备。

分享预习材料：教师可以适当分享预习材料，包括实验背景介绍、实验目的、操作步骤、可能遇到的问题等，以帮助学生更好地理解实验内容和准备实验所需材料。

鼓励自主学习：强调学生的自主学习能力，鼓励他们通过下载资料、阅读教材提示、上网查找资料等方式主动获取实验相关信息，培养其主动学习和探究的意识。

制订个人实验计划：学生可以根据预习内容和任务制订个人实验计划，包括实验操作的步骤、材料准备、可能的实验结果等，以提前对实验进行思考和准备。

开展预习后讨论：在课堂上，教师可以引导学生围绕预习所得展开讨论，分享对实验的想法、疑问和预期结果，让学生之间进行交流和碰撞，促进实验探究的积极性和有效性。

（2）构建资源库，丰富教学内容

信息化时代为教学带来了前所未有的机遇和挑战，特别是对于高中化学实验教学而言，构建资源库是一种创新而有效的途径，可以充分利用网络丰富的信息资源，提升教学内容的多样性和深度。随着移动智能终端的普及，学生们越来越习惯于通过互联网获取信息，因此，将这些信息整合到高中化学实验教学中，不仅可以加强学生对实验的理解和认识，还能够提升他们的学习兴趣和参与度。

构建化学实验教学资源库的核心目标在于整合各种丰富的教学资源，包括化学现象图片、化学实验视频、科普动画、公开课视频以及优质教学课件等。这些资源可以涵盖实验内容的各个方面，从基础概念到高级实验技术，从实验原理到实验应用，从实验操作到实验结果，为学生提供全方位、多维度的学习支持。资源库应当根据实验的不同特点和教学需求进行分类和组织，确保学生能够方便地找到所需的信息并进行学习。

在构建资源库的基础上，教师需要灵活运用这些资源，将其有机地融入课堂教学中。例如，在介绍实验内容时，可以使用图片或视频展示化学现象，引发学生的兴趣和好奇心；在讲解实验步骤时，可以播放实验视频，让学生直观地了解操作过程；在总结实验结果时，可以利用科普动画或优质课件进行深入解释，帮助学生理解实验背后的科学原理。通过这种方式，学生不仅可以更好地掌握实验技能，还能够深入理解化学知识，并将其应用到实际情境中去。

此外，构建资源库还可以促进教师之间的交流与分享，激发教学创新的活力。教师可以在资源库中分享自己设计的实验方案、教学材料和教学心得，也可以借鉴和学习他人的经验，不断提升自己的教学水平。同时，资源库也可以成为学生自主学习的平台，他们可以根据自己的学习需求和兴趣，在资源库中查找和学习相关内容，提高自主学习和探究的能力。

（3）引入生活化元素，创设实验情境

在高中化学教学中，引入生活化元素并创设实验情境是一种有效的教学策略，能够激发学生的学习兴趣、增强他们的学习动力，同时也有助于将抽象的化学理论与生活经验联系起来，加深学生对化学知识的理解和记忆。

生活化元素在化学学习中的应用十分广泛。举例来说，铁长时间暴露在空气中会氧化生成红褐色的铁锈，这是一个常见的生活化现象，可以引发学生对氧化还原反应的思考；又比如，化学能可以通过燃烧转化为电能，这与生活中使用的各种有机高分子材料密切相关，能够让学生将化学知识与实际应用联系起来。

在进行实验教学时，教师应当充分利用生活化元素，将抽象的化学理论与学生的生活经验相结合，创设实验情境。这可以通过多种途径实现。首先，教师可以引导学生观察身边的生活化现象，例如锈迹斑斑的铁制物品、发生燃烧的物质等，并与实验内容进行关联，让学生从生活中找到化学实验的启示。其次，教师可以利用信息化手段，如多媒体课件、互联网资源等，展示与实验相关的生活化现象，让学生通过观看图片、视频等形式感知化学知识在生活中的应用。最后，教师还可以通过设计情境化的实验任务，让学生在实验中模拟生活中的情景，从而更好地理解化学原理。

生活化元素的引入不仅能够增强学生对化学知识的兴趣和理解，还可以培养他们的观察和探究能力，提高他们的实验设计和操作水平。通过与生活联系紧密的实验情境，学生不仅能够更深入地理解化学知识，还能够培养出更强的实验探究意识和科学素养。

（4）针对性教学，讲解实验难点

化学实验的理论指导是高中化学实验教学中的一大难点。理论知识的不足会影响学生对实验现象的理解和实验探究的效果。因此，针对性的教学方法和资源的应用至关重要。

在信息化条件下，教师可以通过微课等教学资源对化学实验的理论进行针对性讲解，帮助学生建立起实验思维，从而推动其进行科学探究。以氧化还原反应为例，教师可以结合微课设置多个相关知识点，如氧化还原反应的定义、化合价变化、电子转移以及常见的氧化剂和还原剂等。通过这些知识点的讲解，学生可以更好地理解实验中所涉及的概念和原理，提高在实验中选择氧化剂与还原剂的准确性，从而使实验探究更加科学有效，得出更加合理的结论。此外，教师还可以借助表格、思维导图等工具进行教学活动，对一些易混淆的实验进行比较和对比，帮助学生明确实验的异同点，进而更好地进行探究，提高区分易混淆知识的能力。

（5）全方位演示实验，支持实验观察

演示实验在高中化学实验教学中扮演着至关重要的角色。通过教师的演示和学生的观察，学生可以在实验过程中了解实验的基本原理、操作技巧，并提高个人实践操作的规范性。然而，在传统的教学方式下，由于学生在教室中的位置不同，导致只有部分学生能够清楚地观察到整个实验过程，这对学生的实践操作造成了一定的限制。在信息化条件下，利用多媒体等使全方位演示实验成为可能。

以"亚铁盐的氧化性和还原性"实验为例，教师可以通过播放演示实验视频的方式来展示整个实验过程。视频中可以清晰地展示实验的每一个步骤，例如加入试剂、放入锌片、振荡试管等操作细节。通过放视物显大症频中的关键步骤，学生可以更加清晰地观察到每个操作细节，从而提高他们对实验过程的理解和操作的规范性。教师还可以根据学生的实时反馈，适时地暂停和重播视频，对重要的操作步骤进行强调和解释，确保学生能够充分理解实验过程中的关键环节。此外，教师还可以与学生就部分操作细节展开讨论，促使学生在讨论中深入思考，进一步加深对实验操作的理解和记忆。

通过全方位演示实验，学生可以在视觉上更加直观地理解实验的操作过程，从而提高实验操作的规范性和准确性。同时，通过与学生的互动和讨论，教师可以及时发现学生的问题和困惑，有针对性地进行解答和指导，进一步提升学生的实验能力和科学素养。因此，在化学实验教学中，全方位演示实验是一种有效的教学方法，有助于提高学生的学习效果和实践操作水平。

在高中化学实验教学中，一些实验由于操作难度较大或对实验环境和药品要求较高，不适合学生自主操作。然而，学生仍然希望能够亲身体验实验的操作过程，观察实验反应现象，以加深对相关化学理论的理解和掌握。为解决这一问题，教师可以借助信息技术开发化学虚拟实验，为学生提供模拟操作的机会，达到与真实实验相同的教学效果。

化学虚拟实验的开发可以基于仿真化学实验软件或虚拟现实（VR）技术。通过这些工具，教师可以为学生创造出虚拟化学实验环境，使他们能够在模拟的情境中进行实验操作，并观察实验反应的形成过程。例如，在仿真化学实验软件中，学生可以利用虚拟环境、器材和药品进行实验操作，感受实验的过程和结果；而在 VR 技术支持下，学生可以通过佩戴 VR 设备，沉浸在一个虚拟的实验室环境中，与虚拟的实验器材进行交互，模拟真实的实验操作过程。这样的虚拟实验环境能够满足学生观察化学实验现象的学习需求，同时避免实验中可能存在的安全风险和资源浪费。

在学生完成虚拟实验后，教师应对虚拟实验现象进行必要的讲解，解释其所代表的化学意义，帮助学生准确理解虚拟实验内容，并与相关的化学理论知识进行联系。通过这样的方式，学生不仅能够感受到实验的操作过程，还能够深入理解实验背后的化学原理，从而达到更好地学习效果。

（7）记录探究过程，复盘实验录像

如何检验学生实验成果？如何帮助学生解决实验中的问题？如何让学生正视

实验探究中的失误操作并在日后有效规避失误？除了追踪观察学生实践操作过程、检查学生实验报告外，教师还可以留存其实践操作影像，复盘实验录像。展开来说，在条件允许的情况下，教师可以在学生进行实践操作时，利用手机等录像工具将学生实验探究过程记录下来。比如，为学生提供手机支架，要求他们在实验探究之前打开手机录像功能，并将手机置于合适位置，录下完整的实验探究过程，同时要求学生在实践操作结束后将视频发送给教师；利用班级内部录像设备记录学生实验探究过程，在后台调取录像，剪辑重点片段。随后，播放典型录像，引导学生进行观察，使其说出录像中存在哪些不规范的操作以及这些操作会对实验结果造成哪些影响，如何在之后的实验探究中避免这样的操作。总之，教师要充分发挥课堂录像的积极作用，促进学生对失误的有效复盘，使其在实践操作中汲取足够的经验，游刃有余地面对未来的高中化学实验课程。

三、教师培训和交流

（一）定期培训

1.组织形式多样化

（1）研讨会

定期组织实验教学研讨会，邀请学校内外的教师参与讨论。研讨会可以就特定主题展开深入探讨，例如实验教学方法、课程设计等，促进教师之间的交流与合作。

（2）讲座

邀请专业教师或行业专家举办实验教学讲座，介绍最新的实验教学理念、技术和方法。讲座内容涵盖实验设计、安全操作、教学评估等方面，为教师提供全面的学习资源。

（3）研修班

组织实验教学研修班，安排专题教学内容和实践操作环节。研修班可以针对教师的实际需求，深入探讨实验教学的具体问题，帮助教师提升实验操作技能和教学能力。

（4）实践操作

设置实践操作环节，让教师亲自参与实验操作，掌握实验技能和操作规范。通过实践操作，教师可以更加深入地理解实验原理，提高实验教学的实效性和操作技能。

2. 内容涵盖全面

（1）实验设计

培训内容应包括实验设计的基本原理和方法，引导教师掌握合理的实验设计思路和策略。教师应了解如何根据教学目标和学生特点设计符合实际需要的实验项目。

（2）安全操作

强调实验安全操作的重要性，培训教师正确使用实验设备和试剂的方法和注意事项。教师应具备丰富的实验安全知识，能够有效地指导学生进行安全实验操作。

（3）教学方法

探讨各种教学方法在实验教学中的应用，包括案例教学、问题导向教学、探究式学习等。培训内容应引导教师灵活运用不同的教学方法，提升教学效果和学生学习兴趣。

（4）新技术和新方法介绍

介绍最新的实验教学技术和方法，包括虚拟实验、远程实验等。培训内容应关注教育技术的发展趋势，引导教师积极应用新技术，拓展实验教学的思路和方式。

3. 专家指导和经验分享

（1）邀请专业教师

邀请具有丰富实验教学经验的专业教师参与培训，分享其在实验教学方面的成功经验和教学技巧。专业教师可以为教师提供实用的指导和建议，帮助其提升实验教学水平。

（2）邀请科研人员或行业专家

邀请科研人员或行业专家参与培训，介绍最新的科研成果和实践经验。通过专家指导和经验分享，教师可以了解前沿的教学理念和技术，拓宽自己的教学视野和思路。

（3）分享成功经验

鼓励教师分享自己的成功教学经验和案例，提供实践操作的案例分析和教学反思。通过经验分享，教师可以相互借鉴和学习，丰富实验教学的内容和方法。

4. 反馈和评估机制

（1）收集意见和建议

建立培训反馈渠道，及时收集教师对培训内容和组织形式的意见和建议。教师可以通过问卷调查、讨论会等形式表达自己的看法，帮助组织者了解培训效果和改进方向。

（2）评估培训效果

设立培训评估机制，对培训过程和效果进行全面评估。通过考核教师的学习成果和实际操作能力，评估培训的实际效果，为下一阶段的培训提供参考和改进方向。

（二）教学交流平台

1. 建设多样化平台

（1）线上平台搭建

在学校内部建设线上教学交流平台，提供在线论坛、教学博客、虚拟教室等功能，方便教师随时随地进行交流和分享。线上平台可以打破时空限制，促进教师跨地区、跨学科的交流合作。

（2）线下平台设立

设立教学交流会议、研讨会等线下平台，为教师提供面对面的交流和互动机会。通过线下平台，教师可以深入交流，分享更多的教学经验和心得体会，促进教学理念的碰撞和创新。

（3）跨校交流平台

搭建跨校的教学交流平台，促进不同学校之间的教学资源共享和合作。通过跨校交流，可以获取到更广泛的教学经验和资源，提升自身教学水平，推动实验教学的全面发展。

2. 经验分享和资源交流

（1）教学经验分享

在教学交流平台上开设专栏或板块，供教师分享成功的教学经验和案例。教师可以结合自身教学实践，分享有效的教学方法、案例分析和教学技巧，为其他教师提供借鉴和启示。

（2）教学资源交流

建立教学资源库，收集整理各类优质的教学资源，包括课件、实验设计、教学视频等。教师可以将自己制作的教学资源上传至平台，与其他教师进行资源交流和共享，提高教学效率和质量。

（3）实验设计方案分享

鼓励教师分享优秀的实验设计方案，包括实验目的、操作步骤、实验数据处理等内容。通过分享实验设计方案，可以丰富教师的实验教学内容，提升学生的实践能力和创新意识。

3.定期研讨和讲座

（1）教学研讨会

定期组织教学研讨会，邀请学校内外的教师参与讨论。研讨会可以围绕特定主题展开，包括实验教学方法、教学评价体系、课程设计等，促进教师之间的深入交流和思想碰撞。

（2）专题讲座

定期邀请知名教育专家或学科领域的专家进行专题讲座。讲座内容可以涵盖教学理论、教学技术、教学管理等方面，为教师提供专业知识和实践经验，促进教学理念的更新和提升。

（3）案例分析与交流

通过案例分析和交流，探讨实验教学中的典型案例和问题。教师可以分享自己的教学案例，进行经验总结和问题解决，共同探讨解决方案，提升教学水平和教学质量。

4.引进外部资源

（1）外部资源合作

积极与外部优质教学资源合作，包括其他学校、教育机构和教学团队。通过合作交流活动，获取外部资源支持，引进先进的教学理念和方法，促进教学水平的提升和教学资源的优化。

（2）国际交流合作

加强国际的教学交流与合作，开展国际学术交流活动。可以邀请国外专家来校访问交流，组织教师赴国外参加培训和学术会议，拓宽国际视野，提升教学水平和教学质量。

（3）产学研合作

加强与产业界、科研机构的合作，开展产学研结合的教学活动。通过合作项目和实践基地建设，为学生提供更丰富的实践机会和就业支持，促进实验教学与产业需求的紧密对接。

第九章　高中化学实验教学资源的
管理与分享

第一节　实验教学资源的管理机制

一、资源采集与整理

（一）建立高效的资源采集系统

1.设立专责团队或部门

在高中化学实验教学中，为了建立一个高效的资源采集系统，首先需要设立一个专门负责收集、整理和归档实验教学资源的团队或部门。这个团队可以由教师、教学助理和实验室管理员等人员组成，他们共同协作，负责资源采集工作。

2.多渠道获取资源

为了确保资源的丰富性和多样性，资源采集团队应该从多个渠道获取资源。这些渠道包括但不限于教材、科研成果、网络平台、教学论文、学术会议等。通过多渠道获取资源，可以获得不同类型和水平的实验教学资源，满足不同教学需求。

3.建立资源采集网络

资源采集团队可以与其他学校、科研机构和教学团队建立合作关系，共享资源、交换经验。通过建立资源采集网络，可以扩大资源获取范围，获取更多的实验教学资源。这样的网络可以促进资源的共享和互利，丰富资源库的内容。

4.制定资源采集计划

为了有序地开展资源采集工作，资源采集团队应制定资源采集计划。这个计划包括资源采集的时间安排、工作任务分配、采集重点等内容。通过制定计划，可以提高资源采集工作的组织性和效率。

5.定期评估和调整

资源采集团队应定期评估资源采集工作的效果，并根据评估结果进行调整和改进。评估内容可以包括资源的数量、质量、覆盖范围等方面。通过定期评估和调整，可以不断优化资源采集工作，提高资源的获取效率和质量。

（二）资源分类与归档管理

1.建立分类标准

采集到的实验教学资源需要进行分类和归档管理，以便教师能够方便地获取所需资源。为了实现有效地分类和归档，需要建立清晰的分类标准。这些标准可以根据实验内容、学科分类、实验类型、难易程度等方面进行划分，确保资源能够被准确地归类。

2.建立归档系统

在建立分类标准的基础上，需要建立一个清晰的归档系统，用于管理和存储实验教学资源。这个系统可以采用电子化管理，通过文件夹、数据库或专门的管理软件来进行资源的归档和管理。同时，也可以建立纸质档案，对实验教学资源进行实体化管理，确保资源的安全性和可靠性。

3.规范归档流程

为了保证归档工作的规范性和高效性，需要制定归档流程和操作规范。这包括资源的收集、整理、归类、编目、编号等环节，以及归档系统的维护和更新。规范的归档流程能够确保资源的有序管理和方便检索。

4.提供方便快捷的检索方式

在建立归档系统的同时，需要提供方便快捷的资源检索方式，让教师能够轻松地找到所需的资源。这可以通过设置检索关键词、建立索引系统、提供搜索功能等方式实现。教师可以根据自己的教学需求和实验内容，快速地定位到所需的资源，提高教学效率。

（三）整理资源并确保质量

1.审核资源质量

在整理和归档资源的过程中，需要对资源进行审核和评估，以确保其质量和适用性。这可能包括对实验设计的科学性、安全性和实用性进行评估，以及检查资源的完整性和准确性。只有通过审核的资源才能够被归档并向教师提供使用。

2.更新资源信息

随着科学研究的进展和教学需求的变化，实验教学资源也需要不断更新和完善。资源管理团队应定期审查和更新资源信息，包括实验设计、实验步骤、实验材料等内容，确保资源的及时性和有效性。

二、资源评估与筛选

（一）制定评估标准

1. 确定评估指标

在制定评估标准之前，需要确定评估资源的具体指标和要求。这些指标可以包括但不限于实验设计的科学性、实用性、适用性、安全性等方面。科学性要求资源符合化学原理和实验方法；实用性要求资源能够满足教学需要；适用性要求资源适合不同层次的学生；安全性要求资源操作安全无害。

2. 明确评估标准

根据确定的评估指标，制定具体的评估标准和要求。例如，科学性可以通过实验设计的合理性、实验过程的科学性等来评估；实用性可以通过资源的教学效果、学生反馈等来评估；适用性可以通过资源的难易程度、适用对象等来评估；安全性可以通过实验操作的安全规范、风险评估等来评估。

3. 量化评估指标

为了使评估标准更加具体和可操作，可以对评估指标进行量化。例如，可以将实验设计的科学性分为高、中、低三个等级，根据实验设计的科学性、实验材料的安全性等方面进行评分，并综合计算得出总体评分。

（二）筛选优质资源

1. 根据评估结果进行筛选

经过评估后，需要根据评估结果对资源进行筛选。优质资源应该符合评估标准，并且能够满足教学的实际需求和教学目标。根据评估结果，可以确定哪些资源可以纳入资源库供教师使用，哪些资源需要进一步改进或调整。

2. 考虑实际应用情况

在筛选资源时，需要考虑资源的实际应用情况。资源的实用性和适用性是评估优质资源的重要标准。需要根据不同的教学场景和学生水平，选择适合的资源，并确保资源能够有效地支持教学实践。

3. 建立筛选机制

为了保证筛选工作的科学性和公正性，可以建立一个专门的资源筛选机制。这个机制可以由专业教师、教学专家和教学管理人员组成，负责对评估结果进行审查和决策，确定哪些资源可以纳入资源库中。

三、资源更新与维护

（一）定期更新资源

1. 建立更新计划

为了确保实验教学资源的时效性和有效性，需要建立一个定期的资源更新计划。该计划可以包括更新频率、更新内容、更新方式等方面的规定。通过建立更新计划，可以确保资源库中的内容能够及时地进行更新，与教学实践和科学进展保持同步。

2. 跟踪科学进展

教育和科学技术的发展日新月异，新的实验方法、新的实验设备和新的实验技术不断涌现。因此，需要密切跟踪科学进展，及时获取新的实验教学资源。可以通过参加学术会议、阅读学术期刊、关注科研项目等方式，获取最新的实验教学资源。

3. 收集用户反馈

用户反馈是更新资源的重要依据之一。教师和学生在使用实验教学资源的过程中，可能会遇到问题或发现不足之处，因此他们的反馈意见是非常宝贵的。可以通过定期的调查问卷、用户反馈系统等方式，收集用户的反馈意见，为资源的更新提供参考。

4. 更新内容

更新资源的内容可以包括但不限于以下几个方面。

（1）更新实验设计

针对新的科学研究成果和教学理念，更新实验设计，使之更加符合教学要求和科学发展趋势。

（2）补充新的实验案例

收集新的实验案例，丰富资源库内容，满足教师和学生不同的教学需求。

（3）更新实验材料

针对新的实验设备、试剂和材料，更新实验材料，确保实验操作的顺利进行和实验结果的准确性。

（4）修复错误和漏洞

及时修复资源中存在的错误和漏洞，保证资源的准确性和完整性。

（二）维护资源的完整性

1. 检查链接和文件

在更新资源的过程中，需要定期检查资源中的链接和文件，确保其有效性和完整性。如果发现链接失效或文件损坏，需要及时修复或更换，以确保用户能够正常访问和使用资源。

2.修复错误和漏洞

在更新资源的过程中，可能会发现资源中存在的错误或漏洞。这些错误和漏洞可能会影响到资源的使用效果和教学效果。因此，需要及时修复这些错误和漏洞，保证资源的准确性和完整性。

3.备份重要文件

为了防止资源丢失或损坏，建议定期对重要文件进行备份。可以将资源备份到云存储或外部存储设备中，以防止因意外事件导致资源丢失或损坏，确保资源的安全性和可靠性。

（三）建立资源更新机制

1.制定更新流程

建立资源更新的流程和规范，明确更新的责任人和时间节点。制定更新流程可以确保资源更新工作的有序进行，避免出现混乱和遗漏。

2.独立的更新团队

成立一个专门的更新团队，负责资源更新工作。更新团队可以包括教师、教学助理和实验室管理员等人员，他们共同协作，负责资源的更新和维护工作。

3.评估和调整

定期评估资源更新工作的效果，并根据评估结果进行调整和改进。评估内容可以包括更新的及时性、更新的内容是否符合实际需求等方面。通过定期评估和调整，可以不断优化资源更新工作，提高资源的质量和效果。

四、权限管理与保护

（一）建立权限管理制度

1.限制资源下载权限

对于一些敏感性较高的实验教学资源，可以采取限制资源下载权限的措施。这意味着教师只能在线浏览或查看资源，而无法将资源下载到本地设备。这样可以有效控制资源的传播和使用范围，减少资源被非法传播的风险。

2.身份验证机制

另一种常见的权限管理措施是建立身份验证机制。这意味着教师需要通过特定的身份验证步骤，如用户名和密码、双因素认证等，才能够访问某些敏感性较高的资源。这样可以确保只有经过授权的教师才能够获取资源，增强资源的安全性。

3.权限分级管理

为了更好地管理资源的权限，可以将教师分为不同的权限组别，并根据其教学需求和责任范围，分配相应的资源访问权限。例如，可以将资源分为普通资源和敏感资源两类，并根据教师的职务或资格，授予相应的权限级别，以实现资源的精细化管理。

（二）维护知识产权

1.确保资源的原创性

在建立和收集实验教学资源时，需要确保这些资源的原创性。这意味着资源应该是教师或教育机构自行设计和制作的，而非从其他来源复制或转载的。只有确保资源的原创性，才能够保护资源的知识产权。

2.保护资源的版权

另一方面，需要在资源上明确版权声明，确保资源的版权归属清晰可见。包括在资源的文件中添加版权声明、署名和使用许可等信息，以及在资源库的界面上提供相关版权信息。这样可以防止资源被盗用或侵权，保护资源的合法权益。

3.建立知识产权保护机制

为了加强对资源知识产权的保护，可以建立知识产权保护机制。包括建立专门的知识产权保护团队或机构，负责监督和维护资源的知识产权，及时处理侵权行为，并采取法律手段维护资源的合法权益。

五、评估与反馈机制

（一）建立评估机制

1.定期调查问卷

建立定期的调查问卷机制，向教师和学生收集对实验教学资源的评价和意见。问卷可以涵盖资源的质量、实用性、适用性等方面，以及对资源改进的建议和期望。通过问卷调查，可以全面了解资源的使用情况和用户满意度。

2.用户反馈平台

搭建在线的用户反馈平台，为教师和学生提供便捷的反馈渠道。他们可以通过平台直接提出对资源的反馈意见、问题和建议，包括对资源内容、设计、操作步骤等方面的评价。平台应该及时响应并处理反馈信息，确保及时解决用户的问题和需求。

3. 教师听课评议

定期组织教师听课评议活动，邀请教师互相观摩、交流和评价使用实验教学资源的情况。通过听课评议，可以借鉴他人的经验和做法，发现资源使用中存在的问题，并进行及时地改进和优化。

（二）及时调整和改进

1. 分析评估结果

收集到的评估信息需要进行系统分析，找出资源存在的问题和改进空间。可以根据评估结果统计资源的优缺点，分析问题的原因和影响因素，为后续的改进工作提供依据和方向。

2. 制定改进计划

根据评估分析结果，制定相应的改进计划。确定改进的重点和优先级，明确改进的目标和措施，以及责任人和时间节点。包括修复资源中存在的错误或问题，更新过时的内容，或者添加新的实验教学资源。

3. 持续改进和优化

实施改进计划后，需要持续跟踪和监督改进效果。通过再次评估和反馈机制，及时了解改进措施的效果和用户满意度，发现并解决新的问题和需求。持续改进和优化资源，提高资源的实际应用价值和教学效果，实现资源的持续改进。

第二节　实验教学资源的分享与交流平台建设

一、建立在线平台

（一）搭建专业化平台

在当前数字化时代，建立一个专业化的在线实验教学资源分享平台对于高中化学实验教学至关重要。这样的平台不仅能够为教师和学生提供便捷的资源获取途径，还能促进教学资源的共享与合作，推动教学质量的提升。

1. 用户友好的界面设计

在搭建高中化学实验教学在线平台时，一个用户友好的界面设计是至关重要的。这样的设计可以确保教师和学生能够轻松地使用平台，快速找到他们需要的资源，并且提高他们的满意度和忠诚度。

（1）简洁清晰的布局

界面布局应该简洁明了，避免过多复杂的元素和信息，以免用户感到混乱和不知所措。主要功能区域应该清晰可见，让用户能够快速定位和操作。

（2）直观的操作流程

操作流程应该设计得直观简单，让用户能够快速上手。例如，上传资源、搜索资源、下载资源等功能应该一目了然，操作步骤应该简单易懂，不需要过多的学习成本。

（3）响应式设计

考虑到用户可能会通过不同的设备访问平台，如电脑、平板和手机等，界面设计应该具有良好的响应性，在不同尺寸的屏幕上都能够正常显示和操作，提供统一的用户体验。

（4）个性化定制功能

为了提高用户体验，平台可以提供个性化定制功能，允许用户根据自己的喜好和需求进行界面布局、主题颜色、字体大小等方面的定制，增加用户的参与感和满意度。

2. 专业化的功能与服务

为了满足高中化学实验教学的特殊需求，平台应该提供专业化的功能和服务，以支持教师和学生在教学资源的获取和分享方面的需求。

（1）资源上传与分享功能

平台应该提供方便快捷的资源上传和分享功能，允许教师将自己设计的实验教学资源上传至平台并分享给其他用户。上传过程应该简单明了，支持多种格式的资源上传，如文档、图片、视频等。

（2）多样化的资源搜索与浏览

平台应该提供多样化的资源搜索和浏览功能，让用户能够方便快速地找到他们需要的资源。搜索功能应该支持关键词搜索、分类搜索、标签搜索等多种方式，让用户能够按照自己的需求进行精准搜索。

（3）交流评论与评价系统

为了促进用户之间的交流和互动，平台应该设置交流评论和评价系统。用户可以在资源页面进行评论和评价，分享自己的使用体验和建议，帮助其他用户更好地选择和利用资源。

（4）定期更新与维护

平台需要定期更新和维护，确保资源的时效性和有效性。管理员应该及时审核和处理上传的资源，删除过期或低质量的资源，保持平台内容的新鲜和高质量。

（二）支持多种格式

1. 满足资源多样化的需求

实验教学资源的形式多样，包括文档、图片、视频等不同格式。这些不同格式的资源在教学过程中都有着各自的优势和适用场景。因此，搭建的在线平台必须能够满足这种多样化的资源需求，以确保教师和学生能够获得他们所需要的资源。

（1）文档资源

文档资源通常包括实验操作步骤、实验报告模板、教学课件等内容。这些文档可以提供详细的实验步骤和相关理论知识，帮助学生更好地理解实验原理和操作方法。

（2）图片资源

图片资源通常用于展示实验装置、实验现象和实验结果等。通过图片，学生可以直观地了解实验过程中的关键步骤和重要细节，加深对实验内容的理解。

（3）视频资源

视频资源可以提供实验操作的实际演示，让学生能够更直观地观察实验现象和操作技巧。通过视频，学生可以模拟实验操作过程，提前了解实验中可能遇到的问题和注意事项。

2. 提高资源的可访问性与可用性

支持多种格式的资源上传和在线预览，可以大大提高资源的可访问性和可用性。这种多样化的资源形式能够满足不同用户的需求，提供更丰富、更直观的学习体验。

（1）提供更直观的学习体验

不同格式的资源能够以不同的方式呈现实验内容，满足学生不同的学习习惯和需求。一些学生更喜欢通过阅读文档来学习，而另一些学生可能更喜欢通过观看视频来理解实验过程。

（2）增加资源的灵活性

支持多种格式的资源上传和预览，可以增加资源的灵活性。教师可以根据实验内容和学生的实际需求，选择最合适的资源形式进行分享，提高资源的针对性和实用性。

（3）提升教学效果和学习体验

多样化的资源形式能够更生动地展示实验过程和实验现象，提升教学效果和学习体验。学生可以通过不同形式的资源，更深入地理解实验原理和操作技巧，从而提高学习效果。

3. 技术支持与更新维护

为了支持多种格式的资源上传和预览，平台必须具备相应的技术支持和更新维护能力。只有确保平台的稳定性和功能完善性，才能够保证用户能够顺利地上传、搜索和获取所需的资源。

（1）技术架构的优化

平台需要不断优化技术架构，提高资源上传和预览的速度和效率。采用先进的技术手段，如云存储、内容分发网络（CDN）等，提升平台的整体性能。

（2）功能模块的更新

随着教学需求和技术发展的变化，平台需要不断更新和完善功能模块，以满足用户不断变化的需求。定期收集用户反馈和建议，及时调整和改进平台的功能和服务。

（3）安全性和稳定性的保障

在提供多种格式资源上传和预览的同时，平台必须确保数据的安全性和稳定性。加强对用户上传内容的审核和管理，防止恶意上传和侵权行为，保障用户的合法权益。同时，保障平台的稳定运行，避免因服务器故障或其他原因导致的服务中断和数据丢失。

（三）确保安全性与稳定性

1. 保护用户信息和资源内容

（1）加强用户身份验证

平台应该建立健全的用户身份验证机制，确保只有经过认证的用户才能够上传和访问资源。采用多因素认证、验证码等方式，提高用户身份验证的安全性。

（2）数据加密和隐私保护

对于用户上传的个人信息和敏感数据，平台应该采取数据加密和隐私保护措施，防止数据被恶意获取和利用。同时，对于用户上传的资源内容，平台也应该保证其版权和知识产权的合法性，避免侵权行为发生。

（3）安全审查和监控

建立安全审查和监控机制，对用户上传的资源内容进行审查和监控，及时发现和处理违规行为。通过人工审核和自动化检测技术，确保上传资源的合法性和安全性。

2. 应对网络攻击和数据风险

（1）建立防火墙和安全策略

平台应该建立防火墙和安全策略，防范各类网络攻击，包括分布式阻断服务（Distributed Denial of Service）攻击、结构化查询语言数据库 (Structured Query Language) 注入等。及时发现和阻止潜在的安全威胁，保护平台的稳定运行。

（2）数据备份和恢复

定期对平台的数据进行备份，确保数据的完整性和可恢复性。在发生数据丢失或损坏的情况下，能够快速进行数据恢复，减少损失和影响。

（3）加密通信和存储

采用安全套接层（Secure Socket Layer）等加密通信协议，保障用户数据在传输过程中的安全性。同时，对于存储在服务器上的数据，也应该采取加密措施，防止数据被非法获取和篡改。

3. 持续监控和更新维护

（1）实时监控系统状态

建立实时监控系统，监测平台的运行状态和性能指标。及时发现系统故障和异常，快速响应并采取措施解决问题，保证平台的稳定性和可用性。

（2）定期漏洞扫描和修复

定期对平台进行漏洞扫描和安全评估，发现潜在的安全风险和漏洞。及时修复漏洞，提高平台的安全性和抗攻击能力，降低被黑客攻击的风险。

（3）持续更新和改进

根据用户反馈和技术发展趋势，持续更新和改进平台的功能和性能。及时推出新版本，修复已知问题，提高用户体验和平台的竞争力。

二、构建社区交流平台

（一）建立在线社区

1. 社区功能设置

（1）讨论区

讨论区是在线社区中的核心功能之一，为教师提供了一个交流互动的平台。在讨论区中，教师们可以自由发表观点、分享心得、提出问题，并与其他教师进行深入讨论。这种开放式的交流环境能够促进教师之间的经验分享和学术探讨，推动实验教学理念和方法的创新与发展。

（2）问题求助区

问题求助区是教师们解决实验教学困难的重要平台。在这个区域，教师们可以向社区成员提出实验教学中遇到的问题，寻求解决方案和建议。其他教师可以根据自己的经验和专业知识，为提问者提供帮助和支持，共同探讨问题的解决方案，促进教学水平的提升。

2.建立讨论区

（1）主题分类

讨论区的主题应该根据实验教学的不同领域和内容进行分类，方便教师们针对性地进行讨论和交流。例如，可以设置化学实验、物理实验、生物实验等不同分类，让教师们根据自己的专业领域选择感兴趣的主题参与讨论。

（2）问题引导

为了促进讨论的深入和有效，讨论区应该设置问题引导，引导教师们围绕特定的话题展开讨论。这些问题可以是针对实验设计、教学方法、学生表现等方面的，旨在激发教师们的思考和讨论，共同探讨实验教学的优化路径。

3.设立问题求助区

（1）专业解答团队

为了保证问题求助的质量和效率，可以组建专业解答团队，由一批经验丰富、专业素养高的教师组成。他们可以负责解答社区成员提出的问题，提供专业的指导和建议，帮助教师们解决实践中遇到的难题。

（2）实时响应机制

建立实时响应机制，保证问题求助区的问题能够及时得到解答和反馈。平台可以设置专门的问题求助窗口，由解答团队成员在一定时间内给予及时回复，确保问题能够得到及时解决，提高用户体验。

4.开设资源分享区

（1）资源分类管理

资源分享区应该根据不同类型和主题对资源进行分类管理，便于教师们快速定位和获取所需资源。可以按照实验主题、学科分类、资源类型等进行分类，确保资源的组织清晰和检索方便。

（2）鼓励原创分享

平台应该鼓励教师们分享原创的实验教学资源，包括实验案例、教学课件、视频演示等。通过鼓励原创分享，能够丰富资源内容，促进实验教学资源的创新和更新。

（二）促进经验分享

1.鼓励主动分享

（1）奖励机制

社区交流平台可以设立奖励机制，以激励教师们积极分享自己的教学经验和心得。例如，可以设立积分制度，每次分享成功可获得一定数量的积分，积分可以用于兑换礼品或提升在社区中的地位。这种奖励机制可以有效地激发教师们的分享积极性，提高分享的活跃度和质量。

（2）荣誉榜单

社区平台可以设立荣誉榜单，将积极分享、贡献突出的教师列入榜单并予以表彰。这种荣誉榜单可以根据教师的分享次数、质量、影响力等指标进行评定，为教师们树立榜样，激发更多人的分享热情。

2.设立专题活动

（1）定期举办讲座或研讨会

社区平台可以定期举办在线讲座或研讨会，邀请教育专家或成功的教师分享他们的教学经验和成功案例。这样的专题活动可以为教师们提供学习和借鉴的机会，拓宽他们的教学视野，促进经验分享的深入开展。

（2）主题征集活动

定期组织主题征集活动，邀请教师们围绕特定的教学主题或问题进行经验分享。通过征集活动，可以吸引更多教师参与分享，形成良好的经验分享氛围，推动教学经验的交流和共享。

3.建立优秀教师库

（1）收录优秀案例

社区交流平台可以建立优秀教师案例库，收录和展示优秀教师的教学案例和经验分享。这些优秀案例可以作为其他教师学习的范例和借鉴，帮助他们更好地改进教学方法和提升教学水平。

（2）展示成果

在优秀教师库中，除了展示优秀案例外，还可以展示教师们在教学实践中取得的成果和荣誉。这样的展示可以为其他教师树立学习榜样，激发更多人的分享热情，推动经验分享的持续深入。

（三）激发合作机会

1.设立合作项目区

（1）项目发布平台

在社区交流平台上设立合作项目区，为教师们提供一个发布合作项目的平台。教师们可以在该区域发布自己的合作项目，明确项目的目标、范围、需求以及期望的合作方式。

（2）项目匹配与筛选

社区平台可以提供项目匹配和筛选功能，帮助教师们找到符合自己兴趣和专业领域的合作伙伴。通过系统匹配和筛选，可以提高合作项目的匹配度，促进合作的顺利进行。

（3）项目管理与跟进

为了保障合作项目的顺利开展，社区平台可以提供项目管理和跟进的功能。教师们可以在平台上进行项目进度的跟踪和管理，及时沟通交流，解决合作中出现的问题和困难，确保项目按计划完成。

2. 建立合作小组

（1）小组组建机制

社区交流平台可以设立合作小组功能，让有共同兴趣和需求的教师们组成小组开展合作。平台可以提供小组组建的机制，让教师们自由选择加入感兴趣的小组或者创建自己的小组。

（2）小组合作协作

合作小组成员可以共同协作，围绕特定的教学主题或项目展开合作。他们可以共同研究实验教学问题，交流教学经验，共同设计实验方案和课程内容，推动实验教学资源的共建和共享。

（3）小组成果展示

平台可以为合作小组提供成果展示的机会，让小组成员展示他们的合作成果和经验分享。这样的展示不仅可以增加小组成员的成就感，还可以为其他教师提供学习和借鉴的机会，推动更多的教师参与合作。

3. 鼓励跨校交流与合作

（1）组织交流活动

社区交流平台可以组织跨校的教师交流活动，如线上研讨会、讲座等形式。通过这些活动，不同学校的教师可以分享经验、交流观点，发现合作的机会和潜力。

（2）促进项目合作

平台可以提供项目合作的渠道，让不同学校的教师们共同参与合作项目。通过项目合作，教师们可以跨越学校界限，共同开发实验教学资源，丰富资源库，提升教学质量。

（3）搭建合作平台

社区交流平台可以搭建跨校合作平台，为教师们提供共享资源和交流合作的机会。平台可以提供资源上传、下载、评论和交流的功能，促进跨校间实验教学资源的共享与合作。

三、专业论坛和研讨会

（一）定期举办论坛

1.论坛议题设置

（1）探讨新技术在实验教学中的应用

随着科技的发展，新技术如虚拟实验、远程实验等在实验教学中的应用越来越广泛。论坛可以设置相关议题，讨论这些新技术的优势、挑战和应用案例，探索如何更好地利用新技术提升实验教学质量。

（2）实验设计与评价

实验设计是实验教学的核心环节，而评价则是实验教学质量的重要标准之一。论坛可以就实验设计的原则、方法、策略，以及实验教学效果的评价方法和指标进行深入探讨，分享成功的实验设计经验和评价案例。

（3）资源共享与合作

资源共享与合作是提升实验教学质量的重要途径之一。论坛可以就如何促进资源共享与合作展开讨论，包括建立资源共享平台、搭建合作网络、推动跨校合作等方面，分享成功的资源共建共享经验和案例。

2.邀请专家参与

（1）邀请教育专家

论坛应该邀请教育专家参与，他们具有丰富的教学经验和专业知识，能够为实验教学资源的开发和应用提供专业的指导和建议。他们可以分享最新的教学理论和实践经验，为教师们指明前进的方向。

（2）邀请实验教学骨干

实验教学骨干是实验教学的中坚力量，他们在实验教学领域具有丰富的经验和深厚的造诣。邀请实验教学骨干参与论坛，可以让教师们借鉴他们的成功经验，学习他们的教学方法和理念。

（3）邀请教师代表

论坛还应该邀请来自各地的教师代表参与，他们身处一线，了解实际教学情况，能够分享真实的教学经验和问题。通过与教师代表的交流，可以了解教师们的需求和诉求，为实验教学资源的改进和完善提供参考。

3. 学术交流与思想碰撞

（1）分享研究成果与教学实践

论坛是教师们展示自己研究成果和教学实践的重要平台。教师们可以分享自己在实验教学领域的研究成果、教学案例和课堂经验，探讨实验教学的新思路和新方法。

（2）共同探讨实验教学问题

论坛是教师们共同探讨实验教学问题的平台。教师们可以就实验教学中的热点问题、难点问题展开讨论，交流解决问题的经验和方法，共同探索实验教学的改进和创新路径。

（3）促进理论与实践结合

论坛是理论与实践相结合的平台。教师们不仅可以分享理论研究成果，还可以结合自己的教学实践进行深入探讨，促进理论和实践的结合，推动实验教学工作的深入发展。

（二）举办研讨会

1. 研讨会主题设置

在举办实验教学资源研讨会时，可以根据当前教学需求和热点问题设置相应的主题。例如，可以就课程改革下的实验教学模式、新技术在实验教学中的应用、实验设计与评价方法等进行深入探讨。

2. 分享实践经验

研讨会是教师们分享实践经验和教学成果的重要平台。教师们可以结合自己的教学实践，分享优秀的案例和教学资源，介绍实验教学的有效方法和策略，为其他教师提供借鉴和启示。

3. 推动实验教学创新

通过研讨会，可以促进实验教学理念和方法的创新与发展。教师们可以共同探讨实验教学的前沿问题，交流教学思想和经验，激发教学创新的动力，推动实验教学质量的不断提升。

（三）促进资源共享

1. 倡导资源共建共享

在论坛和研讨会上，应该倡导教师之间的资源共建共享。可以通过分享成功的案例和资源，激发教师们的创作热情，鼓励他们积极参与资源的开发和分享，推动实验教学资源的共建共享。

2.建立资源交流平台

可以在论坛和研讨会上进行资源交流，为教师们提供一个分享和获取资源的平台。这样的平台可以促进教师之间的资源交流与合作，丰富实验教学资源库，提高资源的利用效率和质量水平。

四、资源共建共享

（一）建立合作机制

1.鼓励教师合作

教师之间可以组建合作小组或项目组，共同开发实验教学资源。这样的合作机制能够汇集各方的专业知识和经验，提高资源的质量和可用性。

2.充分发挥各方优势

合作小组或项目组中的成员可以根据自身的专长和兴趣，承担不同的任务和角色。通过合作，可以充分发挥各方的优势，实现资源的共建共享。

3.制定合作计划

在建立合作机制时，可以制定详细的合作计划和分工方案。明确每个成员的责任和任务，确保合作的顺利进行和资源的高效开发。

（二）推动跨学科合作

1.促进学科融合

在资源共建共享过程中，可以推动不同学科之间的跨学科合作。例如，化学老师可以与物理老师、生物老师等合作开发跨学科的实验教学资源，丰富资源内容，提高教学效果。

2.整合资源

跨学科合作可以整合不同学科的资源和知识，为教师提供更全面、更多样化的实验教学资源。这有助于促进学科之间的交叉融合，培养学生的综合素养和跨学科能力。

3.丰富资源内容

跨学科合作可以丰富实验教学资源的内容，满足不同学科的教学需求。例如，可以开发既涉及化学又涉及物理或生物知识的实验项目，拓宽学生的知识面和视野。

（三）建立共享机制

1.建立资源共享平台

可以建立在线资源共享平台，为教师们提供上传、搜索和下载实验教学资源的服务。这样的平台可以方便教师之间的资源交流和分享，推动资源的共享和流通。

2.促进资源流动

通过资源共享平台，教师们可以分享自己开发的实验教学资源，也可以获取其他教师分享的资源。这样可以促进资源的流动和共享，提高资源的利用效率和质量水平。

五、跨校交流与合作

（一）开展学术交流活动

1.举办学科研讨会

学科研讨会是促进跨校交流与合作的重要方式之一。不同学校的教师可以参与到学科研讨会中，分享实验教学的最新成果、经验和教学方法。这样的交流活动有助于拓宽视野、借鉴他校经验，促进资源的共享与交流。

2.组织教学研讨班

教学研讨班可以聚焦于实际的教学问题和挑战，邀请不同学校的教师一起讨论解决方案。通过研讨班，教师们可以深入交流，发现问题并共同探讨解决方案，从而提高实验教学的质量和水平。

3.分享成功经验

在学术交流活动中，教师们可以分享自己在实验教学方面的成功经验和教学案例。这样的分享有助于激发其他学校教师的创作热情，促进资源的跨校共享与合作。

（二）建立合作网络

1.构建跨校合作联盟

可以建立跨校合作联盟，将不同学校的教师联系起来，促进资源的共建共享。联盟可以定期组织交流活动，分享实验教学资源和经验，推动教学水平的提升。

2.设立教学资源共享平台

建立教学资源共享平台，为不同学校的教师创造上传、下载和分享实验教学资源的条件。这样的平台可以促进教师之间的资源交流与合作，丰富实验教学资源库。

3.推动项目合作

通过项目合作，不同学校的教师可以共同开发实验教学资源、开展教学研究等活动。可以联合申请教育部门或科研机构的项目资助，推动资源共建共享，促进教学质量的提升。

（三）探索联合办学

1. 实验教学课程联合培养

不同学校可以联合开展实验教学课程，共同培养学生。可以通过合作制定实验教学计划、共享教学资源、交流教学经验等方式，提高学生的实验技能和实践能力。

2. 共建实验教学中心

可以探索共建实验教学中心，提供共享的实验设施和资源。不同学校可以共同投入资金和人力，打造高水平的实验教学场所，为学生提供更优质的实验教学环境。

3. 开展师资培训项目

联合办学可以开展师资培训项目，提升教师的教学水平和专业能力。可以邀请专家学者和行业精英进行培训，分享最新的实验教学理念和方法，推动教学资源的优质发展。

参考文献

[1] 朱成禄. 刍议信息化条件下高中化学实验教学模式 [J]. 数理化学习（教研版），2021（8）：55.

[2] 赖珊珊. 谈信息化条件下高中化学实验教学模式探讨 [J]. 数理化解题研究，2021（9）：96.

[3] 王立文. 信息化背景下高中化学实验教学模式探讨 [J]. 中学课程辅导（教师教育），2020（23）：19.

[4] 杨晓棠. 信息化条件下高中化学实验教学模式探究 [J]. 考试周刊，2020（70）：140.

[5] 林芳兰. 高中化学实验教学中"问题式教学"的运用 [J]. 时代教育（下旬），2021（5）：151-152.

[6] 李永辉. 谈探究式教学模式在高中化学实验教学中的实践 [J]. 科学周刊，2021（9）：131-132.

[7] 范文斌. 高中化学教学中学生探究能力的培养 [J]. 试题与研究，2022（11）：15-16.

[8] 陈赓. 新课改下初中化学实验中培养学生科学探究能力的实践探索 [J]. 数据，2021（04）：87-89.

[9] 罗国忠. 国外科学探究能力评价研究综述 [J]. 上海教育科研，2006（11）：19-21.

[10] 王晶莹，郭东辉. 高中生科学探究能力评价的实证研究 [J]. 全球教育展望，2013，42（7）：102-109.

[11] 孙卿卿. 浅析高中数学教学中创新意识的培养措施 [J]. 数学教学通讯，2022（24）：80-81.

[12] 杨燕英. 如何在初中化学教学中培养学生的创新思维 [J]. 学苑教育，2022（17）：72-73+76.

[13] 张丹，刘旭虹，杜芳，曹恩强. 基于创造性思维培养的高中化学实验教学创新审思与实践 [J]. 中小学教师培训，2020（10）：55-59.

[14] 何伟钊 . 基于学科核心素养分析高中化学实验教学的优化路径 [J]. 当代教研论丛，2019（04）：77+79.

[15] 时帅 . 试论高中化学创新意识的培养策略 [J]. 天津教育，2020（18）：74-75.

[16] 朱永成 . 核心素养下高中化学实验教学探析 [J]. 科学咨询（科技·管理），2019（05）：164.

[17] 孙晓萍 . 创新实验设计，培养高中生的化学核心素养 [J]. 课程教育研究，2018（03）：179-180.

附　录

附录一　教学资源反馈意见调查问卷

尊敬的教师和同学：

感谢您参与我们的教学资源反馈意见调查。您的宝贵意见将有助于我们不断改进和优化教学资源，提升教学效果和学习体验。请您认真填写以下问题，谢谢！

1.个人信息（可选填）：

姓名：＿＿＿＿＿＿＿＿＿＿＿＿＿

职称/年级：＿＿＿＿＿＿＿＿＿＿

学校/班级：＿＿＿＿＿＿＿＿＿

2.您对教学资源的整体评价是？

（1）非常满意□

（2）满意□

（3）一般□

（4）不满意□

（5）非常不满意

3.您认为教学资源的内容是否充实丰富？

（1）非常充实□

（2）充实□

（3）一般□

（4）不充实□

（5）非常不充实□

4.您对教学资源的易用性和操作性如何评价？

（1）非常易用□

（2）易用□

（3）一般□

（4）不易用□

（5）非常不易用□

5. 您认为教学资源是否能够有效提升学生学习兴趣和积极性？

（1）是的，非常有效□

（2）是的，比较有效□

（3）一般般□

（4）不太有效□

（5）不有效□

6. 请提出您对教学资源的改进建议或意见（可多选）：

（1）增加案例分析或实例展示□

（2）增加互动性或参与性活动□

（3）提供更多的练习题或实践机会□

（4）对部分内容进行深入解释或拓展□

7. 其他建议（请具体说明）：＿＿＿＿＿＿＿＿＿＿＿＿＿

您是否愿意参与更深入的讨论或提供进一步反馈意见？

（1）是□

（2）否□

感谢您的配合和支持！您的反馈对我们非常重要。

附录二　面对面访谈指南

尊敬的教师和同学：

感谢您愿意参与我们的面对面访谈，您的宝贵意见对于改进我们的教学资源至关重要。以下是本次访谈的指南，请您认真阅读并配合完成访谈过程，谢谢！

1. 访谈对象

访谈对象可以包括教师和学生，我们希望能够听取到不同角色的意见和建议。

请根据您的身份和角色，选择适合您的访谈时间和地点。

2. 访谈内容

访谈内容将涉及教学资源的内容、使用体验、教学效果等方面。

我们将针对您的实际使用情况，询问您对教学资源的看法、感受和建议。

3. 访谈方式

访谈将以面对面的方式进行，我们将安排专人与您进行交流和访谈。

访谈过程中，请您放心畅所欲言，提出您的意见和建议，我们将认真倾听并记录下来。

4. 访谈时间

访谈时间预计约为 30 分钟至 1 小时，具体时间可根据您的安排灵活调整。

5. 访谈记录

我们将在访谈过程中记录您的意见和建议，以便后续分析和整理。

您的个人信息将严格保密，访谈记录仅用于改进教学资源，不会用于其他用途。

如果您愿意参与访谈，请提前准备好您对教学资源的看法和建议，并根据安排前往指定地点进行访谈。如果有任何疑问或需要进一步了解，请随时联系我们，谢谢！

再次感谢您的参与和支持！